Iris Lemanczyk
**Das verlorene Land
Eine Flucht aus Tibet**

Iris Lemanczyk (geb. 1964) arbeitete nach dem Studium als Zeitungsredakteurin, bevor 1997 ihr erstes Kinderbuch („Mein Lehrer kommt im Briefumschlag") erschien. Für ihre Bücher recherchiert Iris Lemanczyk intensiv vor Ort. Sie ist also viel auf Achse, aber nicht nur, um zu recherchieren, sondern auch für Schullesungen und kreative Schreibkurse.

Iris Lemanczyk

Das verlorene Land
Eine Flucht aus Tibet

Mit Fotos von Bruno Boll

Ravensburger Buchverlag

Als Ravensburger Taschenbuch
Band 52373
erschienen 2008

Die Originalausgabe erschien 2005
im Ravensburger Buchverlag
©2005 Ravensburger Buchverlag
Otto Maier GmbH

Umschlaggestaltung: init.büro
für gestaltung, Bielefeld.
Verwendete Fotos von Keren Su/Corbis,
Cuassaing Thomas/plainpicture/Millenium
und Siegfried Martin/Agentur Bilderberg.

**Alle Rechte dieser Ausgabe
vorbehalten durch
Ravensburger Buchverlag Otto Maier GmbH**

Printed in Germany

3 4 5 6 7 16 15 14 13 12

ISBN 978-3-473-52373-3

www.ravensburger.de

Inhalt

Völlig erschöpft 7

Harte Strafe 11

Beschweren ist sinnlos 19

Das Festessen 23

Der junge Dalai-Lama 31

Lhamos Ermordung 35

Kelsang muss gehen 44

„Freiheit für Tibet" – Schwierigkeiten für Tashi 51

Ein Gedanke reift 62

Heimliche Vorbereitungen 67

Es geht los! 73

Besuch bei Kelsang 79

Die erste Busfahrt 90

Wo ist Norbu? 95

Ein Kontrollposten 102

Ein gutes Versteck 108

Ein schmerzendes Knie 111

Wegelagerer in Uniform 118

Wie findet man einen Schlepper? 122

Auf gefährlicher Fahrt im Lastwagen 131

Allein in den Bergen 137

Eine Spur im Schnee 142

Eisige Zehen 146

Bei der alten Meto 153

Nomaden auf der Durchreise 163

Das Nomadenfest 171

Auf nach Tingri 177

Wie soll der Hund heißen? 182

Gefahr am Kontrollposten 189

Wieder ein Abschied 197

Starke Männer, schwere Lasten 205

Todesgefahr auf der Hängebrücke 208

Eiskaltes Wasser 212

Der Pass in die Freiheit 215

Schlimme Erfrierungen 220

Ankunft in Kathmandu 225

Der Zeh muss weg 231

Lobsang, ein neuer Freund 236

Wann kann ich wieder Fußball spielen? 242

Die Wunde verheilt 247

Die letzte Station: Indien 251

Endlich am Ziel 259

Beim Dalai-Lama 265

Völlig erschöpft

Der schneidend kalte Wind pfeift den Kindern um die Ohren, der Eisregen sticht wie tausend Nadeln. Bei jedem Schritt sinken Tashi und Tenzin bis zu den Knien im Schnee ein. Es kostet sie unendliche Mühe, die Beine aus den tiefen Spuren wieder herauszuziehen. Alle vier, fünf Schritte müssen Tashi und Tenzin eine Pause machen und Luft holen.

Die beiden gehören eigentlich nicht zu den Kindern, die keinerlei Anstrengung verkraften können. Tenzin ist zwar für seine zwölf Jahre ein bisschen kurz geraten und sieht mit seiner stämmigen Figur auch nicht gerade wie der geborene Bergsteiger aus, aber zu Hause musste er schon früh bei der Arbeit mithelfen und er kann wirklich einiges aushalten. Das gilt auch für Tashi, seine Zwillingsschwester. Es ist schwer zu glauben, dass die beiden Zwillinge sind. Die Stupsnase und das pechschwarze Haar haben sie noch gemeinsam, wobei Tenzin eine richtige Stoppelfrisur trägt, während Tashi langes Haar hat, das immer zu einem Zopf gebunden ist. Aber Tenzins Schwester ist schlank und – das ärgert ihn gewaltig – mindestens einen Kopf größer als er. „Man sieht eben auf den ersten Blick, wer von euch beiden älter ist", lautete der Lieblingsspruch seines Vaters, den er mindestens einmal in der Woche zu hören bekam.

Jedes Mal brach dann die gesamte Familie in brüllendes Lachen aus. Das heißt alle außer Tenzin, der das gar nicht witzig finden konnte und immer knallrot anlief. Tashi war gerade mal zehn Minuten früher als er geboren. Entschieden zu wenig, um sie zur großen Schwester zu machen, fand Tenzin.

Jetzt allerdings wäre er froh, wenn er vor dem Haus in seinem kleinen Dorf sitzen und sich das Lachen seiner Familie anhören könnte. In dieser Höhe gibt es kaum noch Luft zum Atmen und schon wieder müssen die Zwillinge anhalten, um kurz zu verschnaufen. Völlig am Ende ihrer Kräfte lassen sie sich in den Pulverschnee fallen und liegen für ein paar Sekunden starr da. Aber halt, sie müssen sich zwingen aufzustehen! Nur nicht einschlafen! Wenn sie jetzt einschlafen, werden sie nie wieder aufwachen! Und wenn es noch so schwerfällt, sie müssen weiter, sie müssen versuchen, in Bewegung zu bleiben! Tenzin ist verzweifelt. Er kann sich noch gut an die Erzählungen seines Vaters erinnern: In einem Winter vor etlichen Jahren, als sein Vater selbst noch ein Kind war, waren einmal zwei Ziegenhirten aus dem Dorf aufgebrochen, um ausgerissene Tiere zu suchen. Am nächsten Tag kamen die Tiere von selbst wieder zurück, von den beiden Hirten fehlte aber jede Spur. Man fand sie dann nur einen Kilometer vom Dorf entfernt. Sie saßen auf einem kleinen Felsblock und waren zu menschlichen Eisblöcken gefroren. Anscheinend wollten sie sich auf der Rückkehr nur kurz ausruhen und sind dabei eingeschlafen – für immer. Ja, Tenzin weiß genau, wie schnell das gehen kann. Aber was nützt ihm das jetzt? Er schafft keine zehn Meter mehr, da ist er sich sicher. Wie weit müssen sie denn noch diesen Berg hochstapfen, bis sie die Passhöhe erreicht haben? Eine Stunde, zwei Stunden? Oder fünf Stunden? Er hat keine Ahnung, eigentlich will er es auch gar nicht mehr wissen. Als die Wolken das letzte Mal aufrissen, konnte er in der Ferne die Passhöhe erkennen. Obwohl sie da schon stundenlang gegangen waren, schienen sie nicht näher gekommen zu sein. Inzwischen fühlt sich sein rechter Fuß wie ein Eisklotz an. Um ihn herum ist ein ganzes Meer aus gefrorenem Wasser, und er hat schrecklichen Durst und nichts mehr zu trinken. Er will jetzt nur noch eines: sich hinsetzen, sich ausruhen, ein bisschen schlafen …

Warum eigentlich nicht? So, wie er sich jetzt fühlt, werden sie es sowieso nie schaffen. Warum sich also noch weiter quälen? Der Schnee sieht weiß und weich aus wie eine Baumwolldecke …

Fast ohne es zu bemerken, sinkt er in den Schnee und schließt die Augen …

Tashi zupft ihren Bruder energisch am Ärmel. „Mensch, schlaf bloß nicht ein. Wir müssen weiter! Los, komm schon!"

Tenzin weigert sich aufzustehen. Er schüttelt nur müde den Kopf. Weiter? Nein. Er kann nicht mehr. Er will nicht mehr. Ihm ist jetzt alles egal.

„Bitte, mach nicht schlapp. Du kannst mich doch hier nicht allein lassen. Steh auf! Bitte", fleht ihn seine

Zwillingsschwester an. „Tu es für die Eltern, den Groß-vater, für Lobsang, für Kelsang – und für mich."

Todmüde schaut Tenzin seine Schwester an. Sie packt ihn unsanft unter den Armen und zieht ihn hoch. Lang-sam und mit unendlicher Mühe rafft Tenzin sich auf. Weiter, ja weiter, wir müssen weiter. Wir müssen nach Indien.

Um sie herum ist nichts als weißer Schnee, der Glet-scher und der tobende Wind.

Vielleicht müssen wir hier oben sterben, denkt Ten-zin. Ob es wirklich so eine gute Idee war, einfach abzu-hauen? So schlimm war es doch zu Hause auch wieder nicht. Obwohl, wenn man es sich recht überlegt … Doch, es war so schlimm! Mit einem Mal sieht er wie-der ganz deutlich vor sich, wie alles begann.

Harte Strafe

Dieses Mal ist der Erdkundeunterricht noch langweiliger als sonst. Tenzin bemüht sich ja, Lehrer Wang zuzuhören, der wie immer mit seinem dicken Notizbuch in der Hand im Klassenzimmer auf und ab geht und mit lauter Stimme daraus vorliest. Aber er schafft es einfach nicht. Der Reisanbau in der Provinz Guangdong im Vergleich mit dem Weizenanbau in der Provinz Liaoning – das interessiert ihn nun wirklich kein bisschen. Sehnsüchtig blickt er auf die Sonnenstrahlen, die durch die kleinen Fenster auf die kahlen Betonwände des engen Klassenzimmers scheinen.

„Hast du schon gehört", flüstert ihm sein Freund und Banknachbar Kelsang zu, den der Unterricht genauso langweilt, „mein Vater möchte bald ins Kloster Ganden pilgern. Er hat gesagt, ich bin jetzt alt genug und darf mitkommen."

Tenzin bleibt vor Überraschung der Mund offen stehen. Eine Pilgerreise – das bedeutet raus aus dem Dorf Dubehi, wo jeder jeden kennt. Raus aus dem Tal, das die Kinder noch nie in ihrem Leben verlassen haben. Das bedeutet auch, das berühmte Kloster zu sehen, vielleicht sogar mit den Mönchen zu beten und sich ihre Gesänge anzuhören.

„Das ist ja toll", flüstert Tenzin zurück. Mönche üben

auf die Freunde eine große Faszination aus. Eine Reise ins Kloster ist eines der schönsten Dinge, die sich Tenzin und Kelsang vorstellen können. Tenzins Großvater hat ihm erzählt, dass es früher in Tibet über hunderttausend Mönche gab. Sogar im Nachbardorf hat es ein kleines Kloster gegeben. Aber davon stehen heute nur noch ein paar Ruinen. Ein richtiges Kloster kennt Tenzin nur von Bildern. „Du musst mir unbedingt …"

Rums, ein Holzlineal saust mit voller Wucht auf Tenzins Nacken. Der Schmerz lässt ihn zusammenzucken.

„Es sind doch immer dieselben, die meinen Unterricht stören", faucht Lehrer Wang sie beide an. „Es sind immer diese tibetischen Bauernlümmel. Gerade ihr solltet mucksmäuschenstill sein und aufpassen. Vielleicht geht dann in eure Holzköpfe noch ein bisschen Verstand rein."

Verärgert streicht Lehrer Wang sein dünnes Haar zurück, das er immer streng nach hinten gekämmt trägt. Zusammen mit der dicken Hornbrille, der für einen Chinesen ziemlich spitzen Nase und der knochigen Figur hat er ein Aussehen, das genau zu seiner hinterhältigen Art passt, sagt Kelsang immer.

Die beiden Jungen schlucken. Sie waren so mit Kelsangs Neuigkeit beschäftigt, dass sie nicht bemerkt hatten, dass der Lehrer sie von hinten beobachtete. Zum Glück hat Lehrer Wang sie nicht verstanden, weil er kaum Tibetisch spricht.

„Meine chinesischen Schüler sind nie so unaufmerksam wie ihr verdammten Tibeter", brüllt Lehrer Wang die beiden Freunde jetzt an.

Eine glatte Lüge! Aber solche Sprüche kennen sie schon von ihm. Lehrer Wang stammt ursprünglich aus Schanghai, einer chinesischen Großstadt an der Pazifikküste. Im Dorf erzählt man sich, dass er bis vor einigen Jahren noch Schulleiter in seiner Heimatprovinz war. Vor zwei Jahren ist er dann hierher strafversetzt worden, angeblich weil er ständig Schüler geschlagen und schikaniert hat. Als er eines Tages dem Sohn des stellvertretenden Bürgermeisters vor der ganzen Klasse eine Ohrfeige verpasst hatte, war Schluss. Er musste seine Koffer packen und in dieses abgelegene Dorf ziehen. So war er unfreiwillig zu einem der Millionen Chinesen geworden, die mittlerweile in Tibet arbeiteten. Ausbaden müssen das jetzt seine tibetischen Schüler, denn er hält alle Tibeter für dumm und rückständig.

„Ich werde euch eure Schwatzhaftigkeit schon noch austreiben", brüllt er Tenzin und Kelsang an. Lehrer Wang duldet es nicht, dass Schüler im Unterricht ungefragt reden. Und dann auch noch auf Tibetisch! Seine Schüler haben gefälligst nur dann zu reden, wenn sie gefragt werden, und zwar auf Chinesisch!

Im Klassenzimmer ist es totenstill. Lehrer Wang verschwindet kurz. Tenzin blickt nervös zu seiner Zwillingsschwester Tashi hinüber, die am Nachbartisch sitzt. Tashi schaut ihn verzweifelt an. Sie und alle anderen ahnen, dass sich Lehrer Wang wieder einmal etwas ganz besonders Gemeines ausdenken wird, um die Jungen zu bestrafen. Tashi spürt eine Hand in ihrer Hand. Li, ihre chinesische Freundin und Banknachbarin, versucht, das Mädchen zu trösten.

Der Lehrer kommt mit einer großen Plastikwanne zurück und grinst zufrieden. Ja, er hat mal wieder eine tolle Idee gehabt! „Auf geht's, die füllt ihr jetzt draußen am Brunnen halb voll mit Wasser", herrscht er die beiden an. Mit gesenkten Köpfen trotten die Freunde auf den Schulhof.

„Was hat er vor?", fragt Kelsang verängstigt, während sie das kalte Wasser in die Wanne schöpfen.

Tenzin schaut den Freund besorgt an und zuckt mit den Schultern. Er hat auch Angst, denn dieser Wang ist unberechenbar, wenn er jemanden nicht leiden kann.

„Da seid ihr ja endlich, ihr faulen, schwatzhaften Nichtsnutze", begrüßt der Lehrer sie, als sie zurückkommen. Er lässt die schwere Wanne neben das Pult stellen. „So, nun kniet euch rein. Sofort! Ihr habt eine kleine Abkühlung dringend nötig!"

Das Wasser ist eiskalt. Tenzin zögert einen winzigen Moment. Sofort lässt Wang wieder das Holzlineal auf ihn niedersausen.

„Los, Beeilung, sonst bleibst du die ganze Nacht da drin", fährt er ihn an.

So wie sie sind, mit Schuhen, Hose und Hemd, befolgen sie den Befehl des Lehrers. Tenzin kniet sich neben Kelsang. Das Wasser reicht ihnen bis unter den Bauchnabel und ist so kalt, dass es wehtut. Tashi wischt sich immer wieder die Tränen aus den Augen. Li streicht ihr sanft über den Handrücken. Das tut sie heimlich, denn der Lehrer würde sauer reagieren, wenn er es bemerken würde. Dass sich seine chinesische Lieblingsschülerin mit diesen tibetischen Bauernlümmeln abgibt, sieht er nämlich gar nicht gern. Aber im Augenblick besteht keine Gefahr. Lehrer Wang hat wieder angefangen, vom Reisanbau in Südostchina zu erzählen. Das interessiert im Klassenzimmer zwar keinen außer ihm selbst, aber zumindest ist er jetzt wieder in sein dickes Notizbuch vertieft.

Nach fünf endlos langen Stunden ist der Unterricht zu Ende. Immer noch kauern die beiden Freunde in der Wanne. Tenzin muss die Zähne zusammenbeißen, damit sie nicht vor Kälte aufeinanderschlagen. Seine Knie schmerzen fürchterlich. Mit ohnmächtiger Wut malt er sich die ganze Zeit aus, wie er sich an diesem Wang rächen könnte. Vielleicht geht ihm gerade deswegen ständig ein Satz durch den Kopf, den der Großvater ihm gesagt hat: „Durch Hass kommt nur Gewalt in die Welt, aber Gewalt ist schlecht."

Das muss er gerade am eigenen Körper spüren. Sein Lehrer hasst die Tibeter, deshalb tut er ihnen Gewalt an. Zu gerne würde Tenzin diesen Satz des Großvaters zum Lehrer Wang sagen, aber er traut sich nicht. Wang ist unberechenbar. Tenzin will lieber nicht ausprobieren, wie der hinterhältige Lehrer reagieren würde.

Kelsang kniet neben seinem Freund. Auch ihm laufen Tränen übers Gesicht. Kelsang weint lautlos, aber alle können es sehen.

„So, Schluss für heute", sagt Lehrer Wang, klappt sein Buch zu und schickt die Schüler nach Hause. Tenzin und Kelsang atmen kaum hörbar auf.

„Nur unsere beiden Wasserratten bleiben noch eine Stunde hier."

Noch eine Stunde! Tenzin weiß nicht, wie er die Zeit überstehen soll. Seine Beine zittern vor Kälte und Anstrengung. Eisige Schauer jagen ihm über den Körper. Die Knie, die Waden, Fersen und Fußsohlen sind gefühllos, die Haut völlig aufgeweicht.

Das kalte Wasser sorgt dafür, dass Tenzin dringend pinkeln muss. Seine Blase platzt beinahe. Er hält es einfach nicht mehr aus.

Langsam verfärbt sich das klare Wasser ein wenig um Tenzins Hose. Er schaut Kelsang entschuldigend an. Der versteht und nickt unmerklich. Ihm geht es genauso.

Nachdem sein Freund in die Wanne gepinkelt hat, kann auch er nicht mehr anders.

„Was seid ihr doch für Schweine!", schreit Lehrer Wang sie an. „Bepinkelt euch gegenseitig! Einfach widerlich! Na ja, eigentlich passt das ja zu euch."

Nach dieser weiteren Stunde in der Wanne kann Tenzin nicht einmal mehr richtig knien. Er hat kein Gefühl mehr in den Beinen. Sie können das Gewicht seines Körpers nicht mehr tragen. Immer wieder stützt sich Tenzin mit den Händen auf den Rand der Wanne, aber seine Beine versagen und er rutscht wieder zurück ins Wasser.

Der Lehrer lehnt sich behaglich auf seinem gepolsterten Stuhl zurück und lacht.

„Euch scheint es im Wasser zu gefallen. Ihr wollt überhaupt nicht mehr raus. Von mir aus könntet ihr den ganzen Tag drin sitzen bleiben, aber ich muss jetzt leider weg. Wenn ich morgen wiederkomme, möchte ich kein Tröpfchen Wasser auf dem Boden sehen. Und die Wanne ist geputzt! Verstanden?"

Während Tashi in der Zwischenzeit nach Hause gerannt ist, um Handtücher zu holen, hat Li die ganze Zeit draußen gewartet. Kaum ist der Lehrer verschwunden, stürzen die Mädchen ins Klassenzimmer. Sie stützen Tenzin, sodass er wenigstens aus der Wanne klettern kann. Erschöpft und völlig durchnässt fällt er wie ein Sack zu Boden. Schweigend helfen die Mädchen auch Kelsang aus dem kalten Wasser. Tashi reicht beiden ein Handtuch und beginnt, die Beine ihres Zwillingsbruders zu massieren. Normalerweise ist Tenzin viel stärker als die schlanke Tashi. Aber im Moment ist der Bruder so schwach und hilflos wie ein Käfer, der auf den Rücken gefallen ist.

Bis die Jungen wieder einigermaßen auf wackligen Beinen stehen und sich auf den Heimweg machen können, ist die Sonne schon untergegangen. In der Zwischenzeit ziehen Tashi und Li die schwere Wanne nach draußen, leeren und putzen sie und wischen mit den Handtüchern das Wasser vom Fußboden auf. Tashi ist schrecklich wütend auf den Lehrer Wang. Gleichzeitig ist sie aber froh, dass Li ihr hilft. Ohne ihre chinesische Freundin hätte sie den Jungen nicht aus der Wanne helfen und auch die schwere Wanne nicht aus dem Klassenzimmer ziehen können. Zum Glück sind nicht alle Chinesen wie Lehrer Wang. Li ist ihre beste Freundin.

Beschweren ist sinnlos

„Wie geht es Tenzin jetzt?", fragt Tashi die Mutter, als sie kurz nach ihrem Bruder aus der Schule zurückkommt. Sie macht sich große Sorgen um Tenzin.

„Er schläft", antwortet die Mutter.

Tashi geht zu dem Bett, das sie mit ihrem Bruder teilt. Von Tenzin sind nur die kleine Stupsnase, seine geschlossenen schmalen Augen und das stoppelige schwarze Haar zu erkennen. Der Rest ist unter Decken verschwunden. Tenzin schläft unruhig. Ständig zuckt er, dann wirft er wieder den Kopf hin und her. Schweiß steht auf seiner Stirn. Besorgt wischt Tashi die Schweißtropfen ab.

„Was ist denn in der Schule passiert?", will die Mutter wissen. „Warum ist Tenzin mit pitschnassen Kleidern nach Hause gekommen? Einer eurer Mitschüler kam aufs Feld gerannt und meinte, ich solle sofort nach Hause kommen. Tenzin gehe es nicht gut. Tenzin selbst wollte mir kein Wort sagen. Er wollte nur ins Bett. Und weil er nicht wollte, dass ich ihn weinen sehe, habe ich ihn in Ruhe gelassen."

Tashi erzählt, was ihr Bruder und Kelsang am Vormittag erleiden mussten.

Die Mutter schaut liebevoll auf ihren Jungen. Jedes Mal versetzt es ihrem Herz einen schmerzenden Stich, wenn ihre Kinder Schwierigkeiten mit dem Lehrer Wang haben – nur, weil sie Tibeter sind.

Mutter und Tochter sitzen am Bett von Tenzin und streicheln ihn. Er stöhnt im Schlaf.

Während Tashi mit ihrer Mutter redet, wird sie immer wütender.

„Das war doch gemein! Das kann der Lehrer Wang doch nicht machen", ruft Tashi empört aus. „Wir müssen uns beschweren."

Die Mutter schaut zu ihrer temperamentvollen Tochter, zärtlich streicht sie ihr ein paar Haarsträhnen aus dem Gesicht. „Beschweren? Bei wem denn?"

„Beim Bürgermeister zum Beispiel", überlegt Tashi.

„Der Bürgermeister ist Chinese. Außerdem trifft er sich jeden Donnerstag mit Lehrer Wang zum Kartenspielen. Nein, der wird seinem alten Freund Wang immer Recht geben", antwortet die Mutter leise.

„Na, dann bei den Polizisten", ereifert sich Tashi.

„Das sind doch auch Chinesen. Und die Hälfte von ihnen ist wie Lehrer Wang hierher strafversetzt worden. Die würden nur mit den Schultern zucken und sagen, der Lehrer weiß schon, wie er unterrichten muss", antwortet die Mutter traurig.

„Aber es muss doch jemanden geben, der uns hilft!" Tashi lässt nicht locker.

„Nein, liebe Tashi", seufzt die Mutter. „Alle, die im Dorf etwas zu sagen haben, werden zum Lehrer halten."

„Das geht doch nicht. Das ist ungerecht", fängt Tashi wieder an.

„Ja, das ist es", sagt die Mutter geduldig. „Aber wir können nichts machen. Nicht, solange hier nur die Chinesen bestimmen, was gemacht wird."

„Aber wenn wir alle zusammen, ich meine alle Tibeter aus dem Dorf, zum Bürgermeister gehen, dann müsste es doch etwas nutzen …" Tashi lässt nicht locker. Sie will nicht glauben, dass es keine Möglichkeit gibt.

„Ach Tashi, ich wünsche mir so sehr, dass man euch in der Schule besser behandelt, aber glaube mir, wir können uns nicht wehren. Ich habe mit eurem Vater schon so oft überlegt, was wir tun können, aber die Chinesen haben die Macht – und das lassen sie uns mit solchen Schikanen spüren und wir müssen uns das alles gefallen lassen."

Tashi weint, weil sie traurig und wütend ist, und weil sie es so ungerecht findet, dass der Lehrer mit ihnen machen kann, was er will.

Die Mutter nimmt ihre Tochter sanft in die Arme, streichelt sie, summt ein tibetisches Lied und wiegt Tashi hin und her. Das hat sie schon als kleines Kind beruhigt, wenn sie nicht einschlafen konnte oder Angst hatte.

Doch dieses Mal lässt sich Tashi nicht beruhigen. Sie ist einfach zu wütend.

So findet der Vater die beiden, als er zusammen mit seinem jüngsten Sohn Lobsang vom Markt zurückkommt. Dort haben sie einen neuen Spaten gekauft. Tashi blickt den Vater und ihren kleinen Bruder traurig an. Lobsang hat es gut. Er muss nicht in die Schule gehen. Oder besser gesagt: Er darf nicht. Als er Tashis Blick bemerkt, vermutet der Vater gleich, dass es in der Schule wieder mal Probleme gegeben hat. Er streicht ihr und seiner Frau zärtlich über den Kopf, dann macht er eine große Kanne Tee für alle.

Als alle, auch der Großvater, in der warmen Stube sitzen, erzählt Tashi noch einmal, was in der Schule vorgefallen ist. Auch jetzt noch, nach ein paar Stunden, läuft sie vor Wut rot an, wenn sie die Geschichte erzählen muss. Tenzins leichtes Schnarchen dringt durch die offene Zimmertür. Hoffentlich träumt er nicht von Lehrer Wang, denkt Tashi.

Am nächsten Morgen kann Tenzin nicht zur Schule gehen. Er hat hohes Fieber und eine Blasenentzündung. Ständig muss er aufs Klo. Kelsang geht es genauso.

„Ach, unsere beiden Wasserratten machen es sich daheim gemütlich", sagt der Lehrer nur, als Tashi sie entschuldigt, und geht sofort zum Unterricht über. Keine Spur von Mitleid oder schlechtem Gewissen. Tashi muss sich beherrschen, dass sie ihrem Lehrer nicht ins Gesicht schreit, was für ein brutaler Menschenquäler er ist. Sie ballt die Faust in der Tasche und setzt sich neben Li.

Das Festessen

Zehn Tage können Tenzin und Kelsang nicht aufstehen. Aber sie werden gerade rechtzeitig gesund, um am jährlichen Festessen teilzunehmen.

Seit sechs Jahren feiert Tenzins und Tashis Familie den Wiederaufbau des kleinen Hauses mit einem Festessen, zu dem auch die Freunde eingeladen sind.

Für das Essen hat der Vater eine Ziege schlachten lassen, die schon seit Stunden am Spieß brät. Der Duft lässt allen das Wasser im Mund zusammenlaufen. Auf den Tischen stehen Schüsseln mit Tsampa, einem dampfenden Brei aus gerösteter Gerste und Wasser, der bei keinem tibetischen Essen fehlen darf. Daneben werden in Yakbutter gebratene Karotten angeboten, und zum Trinken gibt es Kannen voller Buttertee und tibetischem Bier. Für die chinesischen Gäste gibt es außerdem ganz normalen schwarzen Tee. Tashi kann zwar nicht verstehen, dass jemand keinen Buttertee mag, aber ihrer Freundin Li ist bis jetzt jedes Mal schlecht geworden, wenn sie ihn getrunken hat. Buttertee – das ist Tee mit viel Yakbutter und löffelweise Salz drin; chinesische Mägen können ihn nicht vertragen, so hat Li erzählt. Auch gut, dann bleibt mehr für die anderen. Fast zwanzig Personen haben es sich in der kleinen Küche, so gut es geht, bequem gemacht. Darunter ist auch das chinesische Ehepaar Jiang und Li. Lis Eltern konnten dieses Mal leider nicht kommen; ihr Vater, ein Bergbauingenieur, ist auf Dienstreise, ihre Mutter muss eine kranke Tante pflegen.

Wie jedes Jahr erzählt der Großvater wieder die gleiche Geschichte, aber keinem wird es dabei langweilig. Vor allem Lobsang nicht, der wie jedes Jahr auf Großvaters Schoß klettert, gespannt zuhört und an den paar Haaren zupft, die auf den Falten an Großvaters Kinn wachsen.

„Kleiner Lobsang", beginnt der Großvater, „eigentlich haben wir dieses Essen dir zu verdanken. Wenn du nicht zur Welt gekommen wärst, dann hätten wir jetzt auch kein neues Haus. Siehst du, es ist wunderbar, dass es dich gibt." Großvater streicht seinem jüngsten Enkel über das kurze schwarze Haar.

Lobsang strahlt so sehr, dass seine dunklen Augen nur noch schmale Schlitze sind. Er genießt es, im Mittelpunkt zu stehen.

„Ich kann mich noch ganz genau an den Tag erinnern, als der hohe Besuch kam", erzählt der Großvater. „Es war nicht gerade ein willkommener Besuch."

Alle kichern.

„Es klopfte an der Tür und vor uns stand ein Chinese. Der blaffte uns an: Ihr habt eine Stunde Zeit, um eure Habseligkeiten zu packen, danach wird das Haus abgerissen, mit allem, was dann noch drin ist."

Jetzt lacht und kichert niemand mehr. Die Erinnerung lässt alle seufzen oder stöhnen.

„Und so war es dann auch: Nach genau einer Stunde fuhr ein gelber Bulldozer vor und zerstörte unser Haus. Wir standen mit Sack und Pack auf der Straße und weinten."

„Warum haben die Chinesen das gemacht?", fragt Tashi wie jedes Jahr. Sie kennt bereits die Antwort, aber sie möchte sie vom Großvater hören.

„Wegen unserem süßen Lobsang. Die Chinesen haben so ein dummes Gesetz erlassen, dass wir höchstens zwei Kinder haben dürfen. Und unser kleiner Lobsang ist das dritte Kind. Deswegen darf er zum Beispiel nicht in die Schule gehen, das haben sie auch verboten. Jedenfalls wurden die Chinesen wütend, weil wir ihre Vorschriften missachtet haben. Sie wollten unsere Familie bestrafen, und deswegen haben sie unser Haus zerstört. Wir waren nicht die Einzigen in Tibet, denen es so ergangen ist."

Alle sitzen eine Weile schweigend da. Niemand denkt ans Essen.

„Zum Glück durften wir damals zu euch kommen", sagt der Vater zu Kelsangs Eltern. „Zum Glück, denn wir hatten ja fast nichts mehr." Der Vater kämpft mit den Tränen, wenn er an die Vergangenheit denkt. „Plötzlich hatten wir nicht einmal mehr ein Dach über dem Kopf."

„Wir hatten uns und unseren Glauben", erwidert der Großvater ernst. „Es war schlimm, das Dach über dem Kopf zu verlieren, aber ich kann euch sagen, ich habe schon Schlimmeres erlebt. Wisst ihr noch, wie wir alle beieinander saßen und gebetet haben? Wir haben uns bedankt, dass wir noch am Leben sind, dass wir alle gesund und zusammen sind."

Kelsang und Tenzin nicken eifrig. „Ja, das hat uns getröstet. Und du hast uns vom Dalai-Lama und seiner Güte erzählt."

Seit diesem Tag vor sechs Jahren ist fast kein einziger Tag vergangen, an dem Kelsang nicht an den Dalai-Lama gedacht hat. Der Mönch mit der viereckigen Brille und der roten Kutte verkörpert für Kelsang alles Gute, alles Erstrebenswerte. Jede Information, die er über den Dalai-Lama in Erfahrung bringen kann, saugt der Junge wie ein Schwamm auf.

„Ich weiß noch genau, was du damals gesagt hast", berichtet Kelsang dem Großvater. „Der Dalai-Lama tritt für Liebe ein. Und diese Liebe sollen wir selbst für diejenigen empfinden, die uns Leid antun."

„Das hast du dir gut gemerkt, mein Junge", freut sich der Großvater und lächelt ihn aus seinem zerfurchten, schmalen Gesicht herzlich an.

„Ich weiß auch einen Spruch vom Dalai-Lama", meint Tenzin stolz: „Durch Hass kommt nur Gewalt in die Welt. Und Gewalt ist nicht gut." Er lehnt sich zufrieden zurück. Mit seinem Freund Kelsang kann er zwar nicht mithalten, was das Wissen über den Glauben angeht, aber diesen Spruch hat er sich immer gut gemerkt.

„Wunderbar", freut sich der Großvater. „Es ist das Wichtigste, wonach wir leben sollen: kein Hass, keine Gewalt. Beides nützt nichts, Hass und Gewalt erschweren nur das Zusammenleben. Wenn sich das alle Menschen zu Herzen nehmen würden, euer Lehrer zum Beispiel, wäre die Erde wirklich ein Paradies."

„Erzähl uns vom Dalai-Lama. Bitte, bitte", betteln Kelsang und Tenzin einmütig. Früher war Kelsang seinem Freund mit seiner tiefen Gläubigkeit fast schon ein bisschen auf die Nerven gegangen, inzwischen hat er Tenzin längst mit der Begeisterung für den Dalai-Lama angesteckt. Nicht nur die weisen Aussprüche faszinieren die Jungen, sondern vor allem das, was der Großvater vom Leben des Dalai-Lama erzählt. Jeder Tibeter spricht voller Begeisterung, voller Hoffnung und Wärme von dem Mönch, davon haben sich die beiden mitreißen lassen. Und jeder Tibeter wünscht sich sehr, dass Tibet wieder ein freies Land werden kann. Für sie ist der Dalai-Lama die wichtigste Person, um die Freiheit vielleicht zu erreichen. Schon weil er der einzige Tibeter ist, den man in der ganzen Welt kennt und dem man in der ganzen Welt zuhört.

Der Großvater blickt in die Runde. „Gut, ich erzähle euch was. Aber erst wird gegessen", sagt er, fährt sich über den kümmerlichen Bart und schiebt sich eine Portion Tsampa auf den Teller.

Während des Essens werden Erinnerungen an die Zeit des Hausbaus ausgetauscht. Fast alle Tibeter im Dorf haben geholfen, aus dem Schutt das rauszufischen, was für das neue Haus noch brauchbar war. Geholfen hat dabei auch das Ehepaar Jiang. Sie waren damals genauso vom Verhalten ihrer Landsleute erschüttert gewesen wie die Tibeter. Ohne zu zögern haben sie ihre tibetischen Nachbarn beim Wiederaufbau unterstützt, auch wenn einige Chinesen sie deswegen schief angesehen haben.

„Vor allem die Holzbalken konnten wir wieder verwenden. Das hat uns gerettet", sagt der sonst so stille Vater lebhaft und zeigt mit den Händen, wie dick die Balken waren. Holz ist in Tibet Mangelware. Dabei gab es früher riesige Wälder. Doch seit die Chinesen Millionen von Bäumen gefällt haben, ist Holz fast wertvoller als Edelsteine.

Wer von den tibetischen Nachbarn, die alle Bauern sind, nicht unbedingt auf den Feldern arbeiten musste, packte damals beim Hausbau mit an. Auch die Kinder, auch Li, die damals schon mit Tashi befreundet war. Die Kinder sammelten Kuhdung. Für tibetische Häuser wird aus einem Gemisch aus Kuhdung, Erde und Wasser ein klebriger Brei gerührt. Er wird in eine Kastenform gegossen und in der Sonne getrocknet. So sind die Ziegel entstanden, die die Männer für die Mauern brauchten. Nicht das ganze Gemisch wird für die Ziegel verwendet. Der frische Brei wird auch auf die Ziegelreihen geschmiert, damit sie sich miteinander verbinden und zusammenhalten.

Frau Jiang hat während der Bauarbeiten für alle Helfer immer leckere chinesische Nudelsuppe gekocht.

Die Ziegel und das Holz reichten aus, um ein einstöckiges Haus mit zwei Zimmern und einer kleinen Küche zu bauen. Das eine Zimmer ist winzig, es passen gerade zwei Betten hinein. Das teilt sich der Großvater mit Lobsang. Tenzin kann sich noch erinnern, wie Lobsang, kaum dass er sprechen konnte, einmal zum Großvater gesagt hat: „Gut, dass du so dürr bist und ich so klein bin. Sonst würden wir gar nicht in unser Zimmer passen." Alle haben damals brüllend gelacht, doch im Grunde hatte Lobsang gar nicht so Unrecht. Im anderen Zimmer schlafen die Eltern und die Zwillinge. Alle Fenster sind klein, denn Fensterglas ist teuer und schwer zu bekommen.

Das Flachdach des Hauses besteht auch aus Lehm. Im Sommer wird auf den Dächern Heu oder die frisch gewaschene Wäsche getrocknet. Kaum war das Dach fertig, da flatterten darauf auch schon die bunten Gebetsfahnen. „Windpferdchen" heißen die Tücher, auf denen Gebete oder Sprüche stehen. Die Gebetsfahnen flattern in Blau, Weiß, Rot, Grün und Gelb im Wind.

Sie sollen Glück bringen und die Wünsche und Gebete in alle Himmelsrichtungen wehen. So klein das Haus auch ist, mit den bunten Fahnen auf dem Dach und den weiß gekalkten Wänden sieht es immer freundlich und einladend aus.

„Wir hatten viel Glück", erinnert sich der Vater und lächelt dankbar in die Runde. „Es war damals sehr sonnig und warm in unserem Schneeland, sodass die Ziegel schnell trockneten und wir die Mauern zügig hochziehen konnten. Aber vor allem hatten wir viel Glück, dass wir in der Not so viele gute Freunde hatten. Vielen Dank euch allen für eure Hilfe. Ohne euch hätten wir es nie geschafft."

Der junge Dalai-Lama

Als endlich alle satt sind, betteln die Jungen erneut: „Großvater, jetzt möchten wir endlich etwas über den Dalai-Lama hören."

„Ach, diese Jungen", meint der Großvater gespielt genervt und verdreht die Augen, sodass alle lachen. In Wirklichkeit freut sich der alte Mann natürlich, dass die beiden so interessiert sind an Seiner Heiligkeit, dem Dalai-Lama, und an ihrer Religion. Lobsang rollt sich wie ein Kätzchen auf dem Schoß seines heiß geliebten Opas zusammen. Der Großvater streicht seinem Enkel erneut über die kurz geschorenen schwarzen Haare und beginnt zu erzählen: „Wir Buddhisten glauben, dass alle Lebewesen nach ihrem Tod wiedergeboren werden. Nachdem der letzte Dalai-Lama gestorben war, waren die Tibeter zwar traurig, aber sie wussten, dass der Dalai-Lama wieder auf die Welt kommen würde. Im kleinen Dorf Takster wurde 1935 ein Junge geboren. In einer Bauernfamilie, genau wie wir eine sind. Die Eltern nannten den Jungen Tenzin Gyatso. Als der kleine Tenzin zwei Jahre alt war, traf eine Gruppe von vierzig Männern in Takster ein. Es waren Mönche, doch sie hatten ihre roten Kutten abgelegt, damit sie unbemerkt durch das Land reisen konnten. Sie gehörten zu einer Gruppe, die den wiedergeborenen Dalai-Lama finden sollte. Vier Jahre war es schon her, dass der letzte Dalai-Lama gestorben war."

Der Großvater blickt zufrieden in die Runde. Obwohl jeder die Geschichte kennt, hören alle gebannt zu. Besonders Tenzin, denn gleich kommt seine Lieblingsstelle.

„Die Männer gingen in jede Hütte und prüften alle Kinder. Sie kamen auch zu Tenzin Gyatso. Die Männer legten viele Gegenstände vor das Kind. Schalen, die alle ähnlich aussahen, verschiedene Stöcke, Brillen und Trommeln. So als wäre es das Normalste auf der Welt, griff der kleine Junge nach der Brille, der Trommel, der Schale und nach dem Stock, die dem verstorbenen Dalai-Lama gehört haben. Auch alle anderen Prüfungen bestand der Kleine spielend. Da stand für die Männer fest: Sie hatten den wiedergeborenen Dalai-Lama gefunden. Kurz darauf zogen Tenzin und seine ganze Familie nach Lhasa. Vorher hatte der Junge in einem Bauernhaus gelebt, jetzt wohnte er im Potala, dem riesigen Kloster und Palast mit Hunderten von Zimmern. Er wurde dort von Mönchen erzogen und ausgebildet. Seine Eltern wohnten in der Nähe, aber nicht im Potala. Sie durften ihren bedeutenden Sohn nur besuchen. Er musste viel lernen, nicht nur buddhistische Religion, nein auch Wissenschaften und Philosophie und wie sich ein Dalai-Lama zu benehmen hat. Schließlich lieben und verehren wir Seine Heiligkeit wegen seiner Weisheit, seines Mitgefühls, seiner Freundlichkeit und Liebe zu allen Menschen, zu allen Lebewesen."

„Woher weißt du das alles?", fragt Tashi, die sehr aufmerksam zugehört hat und sich jedes Jahr mehr Gedanken über die Geschichte macht.

„Wir haben das in der Schule gelernt. Im Nachbartal gab es früher ein Kloster, in dem die Mönche unterrichteten. Dort bin ich mit meinem Zwillingsbruder ein paar Jahre in die Schule gegangen", antwortet der Großvater sehr leise. Die Erinnerung an seinen Zwillingsbruder lässt ihn eine Weile verstummen.

„Der Lehrer Wang erzählt uns nie so spannende Dinge. Da müssen wir ständig so blöde Jahreszahlen lernen, wann die Chinesen was gemacht haben. Das interessiert mich überhaupt nicht", sagt Tashi ärgerlich.

Der Großvater und alle Erwachsenen schauen die Kinder traurig an. Sie wissen, dass der Lehrer Wang den Schülern nichts über die tibetische Geschichte, über ihre Religion oder Bräuche beibringt. Das müssen die Eltern oder Großeltern tun.

„Wie ging es weiter mit Tenzin Gyatso?", fragt Tenzin ungeduldig. Er hat extra den Namen „Tenzin Gyatso" benutzt, weil er es toll findet, dass er denselben Vornamen wie der Dalai-Lama hat.

„Die weitere Geschichte kenne ich nicht mehr aus meiner Schulzeit. Denn ich bin nur zehn Jahre jünger als der Dalai-Lama. Den Rest unserer tibetischen Geschichte habe ich von anderen gehört. Und meine eigene Geschichte habe ich natürlich selbst erlebt", erwidert der Großvater und atmet schwer, als müsse er Luft holen, um all die Erinnerungen aussprechen zu können.

„Die Chinesen haben immer häufiger gesagt, der Dalai-Lama müsse machen, was sie wollen. Doch der Dalai-Lama lebte so, wie schon viele Dalai-Lamas vor ihm. Er wollte, dass es den Tibetern gut ging und dass sie friedlich ihren Glauben leben konnten. Das passte den Chinesen nicht. Es wurde befürchtet, dass sie den Dalai-Lama entführen oder sogar umbringen würden. Seine Heiligkeit hat lange gezögert, denn er wollte bei seinem Volk bleiben. Aber irgendwann ging es nicht mehr anders: Der Dalai-Lama musste nach Indien fliehen. Von dort versucht er heute, den Tibetern auf jede nur erdenkliche Weise zu helfen. Außerdem soll Tibet wieder ein freies Land werden."

„Er ist wirklich nicht in Tibet?", fragt Tashi enttäuscht. Sie weiß es eigentlich, hat aber immer gehofft, dass es möglich wäre, eines Tages den Dalai-Lama zu treffen.

„Wo der Dalai-Lama ist, ist Tibet", erwidert der Großvater nur.

Die Kinder nicken. Vieles von dem, was Großvater erzählte, wussten sie bereits. Doch was nun kommt, ist ihnen neu. Zum ersten Mal berichtet der alte Mann seinen Enkeln, was ihm selbst vor vielen Jahren passierte.

Lhamos Ermordung

„Mein Zwillingsbruder Lhamo und ich brachen zu einer Reise nach Lhasa auf. Wir waren ein bisschen aufgeregt. Wir wollten dem jungen Dalai-Lama ganz nahe sein. In unserem Dorf erfuhren wir nicht viel von dem, was im übrigen Land passierte. Dass es Schwierigkeiten mit den Chinesen gab, das hatten wir gehört. Aber wie schlimm diese Schwierigkeiten waren, wussten wir nicht genau. Wir hatten ein gutes Leben. Unsere Eltern waren Bauern, es gab immer genügend zu essen, wir hatten Schafe und Ziegen. Ich habe euch schon erzählt, dass Lhamo und ich in einem Kloster zur Schule gingen. Das Kloster war im Nachbartal. In dem Jahr, in dem euer Vater geboren wurde, mussten die Mönche das Kloster verlassen und als er so alt war wie du, Lobsang, ist es von den Chinesen zerstört worden." Der Großvater blickte einen Moment schweigend zur Decke. „Alle unsere Lehrer waren Mönche. Sie wussten viel und waren nett. Wir hatten eine angenehme Zeit in der Schule. Es gab niemanden, der uns herumkommandierte.

Lhamo und ich waren kaum älter als ihr, als wir uns nach Lhasa aufmachten. Wir marschierten viele Tage, Busverbindungen gab es nicht. Ob ihr es glaubt oder nicht, auf dieser Reise habe ich zum ersten Mal überhaupt in meinem Leben einen richtigen Bus gesehen.

Aber nur von außen. Wir liefen, wir beteten unterwegs und schauten uns das Land gut an. Weiter als bis zum Nachbartal waren wir ja vorher nie gekommen.

Als wir endlich in Lhasa ankamen, waren wir sehr glücklich. Überall sahen wir Mönche und Nonnen in ihren roten und gelben Kutten. Überall wurden die großen Gebetsmühlen mit den Wünschen und Gebeten gedreht. Der Markt war viel, viel größer als der in Dubehi. Es gab eine große und bunte Auswahl an Waren, die wir noch nie gesehen hatten. Schallplatten, zum Beispiel. Ihr müsst euch das vorstellen, wir hatten vorher keine Ahnung, was das ist: schwarze Scheiben, die singen und sprechen konnten, das war wie ein Wunder für uns. Wir fanden es herrlich."

Der alte Mann macht eine lange Pause. Die Kinder schauen ihn erwartungsvoll an.

„Das Einzige, was uns wunderte, war, dass die Mönche nur miteinander flüsterten und sich immer wieder ängstlich über die Schulter sahen. Natürlich bemerkten wir auch die chinesischen Soldaten in der Stadt, aber Schwierigkeiten gab es mit ihnen keine.

Lhamo und ich standen Hand in Hand vor dem riesigen Potala-Palast und beteten, als plötzlich ein Schuss krachte. Und noch einer. Und noch einer. Wir schauten uns an und rannten los, ohne nachzudenken. Wo vor wenigen Minuten noch zwanzig, vielleicht fünfundzwanzig chinesische Soldaten durch die schmalen Gassen der Stadt marschiert waren, waren es plötzlich hunderte. Egal wo wir auch hinschauten, überall standen bewaffnete Soldaten. Sie drängten die Mönche und Nonnen zusammen. ‚Lasst sie in Ruhe‘, rief ihnen ein Tibeter entgegen. ‚Ja, lasst uns in Ruhe. Wir haben euch nichts getan‘, brüllte ein anderer.

Das interessierte die Soldaten nicht. Ich sah, wie einer das Gewehr hob und einfach mitten in die Menge schoss. Ein Mönch sackte zusammen. Sekundenlang herrschte gespenstische Stille. Nur das Stöhnen des angeschossenen Mönches war zu hören. Verängstigt versuchten die Mönche und Nonnen zu fliehen. Das wollten die Soldaten natürlich verhindern. Ich sah, wie ein Soldat ausholte und mit seinem Gewehrkolben auf die Köpfe von zwei Nonnen eindrosch.

‚Meine Güte, was macht ihr nur?‘, hörte ich eine Stimme, bevor das Chaos losbrach.

Erneut fielen Schüsse. Immer mehr Soldaten kamen

in die Gassen. Lhamo und ich hielten uns an den Händen. Wir wollten uns auf keinen Fall verlieren. Immer mehr Gummiknüppel und Gewehrkolben sausten auf Tibeter nieder. Es floss viel Blut. Menschen schrien vor Schmerz und Entsetzen. Steine flogen. Lhamo und ich versuchten, einen Unterschlupf zu finden. Wir ließen uns los und hoben schützend die Arme über unsere Köpfe. Irgendjemand zog mich am Ärmel in einen dunklen Flur. Es war ein Mönch. ‚Geh nach hinten, Junge. Dort bist du in Sicherheit.‘

Ich war wie benommen und folgte den Anweisungen des Mönches. Im Dunkeln sah ich viele Tibeter ängstlich zusammenhocken. Ich setzte mich zu ihnen. Erst in diesem Augenblick wurde mir klar, dass mein Bruder nicht mehr bei mir war.

‚Ich muss Lhamo suchen‘, rief ich sofort. ‚Mein Zwillingsbruder ist da draußen.‘ Es war, als ob ich aus einer Starre erwachte. Ich sprang auf, doch einer der Mönche hielt mich energisch zurück.

‚Du musst warten. In dem Wirrwarr wirst du deinen Bruder nicht finden können. Gedulde dich.‘“

Der schmächtige Körper des Großvaters wird von Schluchzern geschüttelt. Die Erinnerung an die schrecklichsten Tage seines Lebens schmerzt auch nach all den Jahren.

Die Kinder schmiegen sich eng an den zierlichen alten Mann. Tashi drückt zärtlich seinen Arm.

„Stundenlang mussten wir in diesem Flur warten, bis keine Schreie mehr zu hören waren. Vorsichtig schauten wir nach draußen. Was wir sahen, war entsetzlich. Tote und Verletzte lagen in den Gassen. Alles war voller Blut. Ich rannte los, um Lhamo zu suchen. Ich drehte Tote um, die so groß waren wie mein Zwillingsbruder oder die ähnliche Kleidung trugen. Ich hätte den Verletzten gerne geholfen, aber zuerst musste ich Lhamo finden. Ich suchte und suchte, stolperte über Körper, aber von Lhamo keine Spur. Es war entsetzlich. Ein paarmal musste ich mich übergeben.

Als es dunkel wurde, habe ich mich in einen Hausflur gesetzt. Irgendwann hat mich eine Frau angesprochen, die in dem Haus wohnte. Ich konnte mit zu ihr kommen und auf einer Decke vor dem warmen Küchenofen schlafen.

Am nächsten Morgen machte ich mich erneut auf die Suche. Nichts, keine Spur. Völlig erschöpft und ohne Hoffnung kauerte ich am Straßenrand. Wo sollte ich Lhamo noch suchen? Wo konnte er stecken?

Ein Mönch mit einem blutunterlaufenen Auge und einer riesigen Beule am Kopf setzte sich zu mir. Ich solle es mal im Gefängnis versuchen, meinte er. Der Mönch war über Nacht selbst eingesperrt gewesen wie viele, viele andere. Irgendwie hatte er entkommen können."

Erneut schüttelt heftiges Schluchzen den alten Mann. Der Großvater wischt sich die Tränen weg. Er ringt nach Atem. Nach einer Weile berichtet er fast flüsternd.

„Über Nacht waren in Lhasa viele Gefängnisse entstanden. Den halben Tag ging ich von einem zum anderen und versuchte, etwas in Erfahrung zu bringen. Und beim vierten Gefängnis sagte man mir: ‚Ja, ein Junge mit diesem Namen ist hier eingeliefert worden. Zusammen mit dreißig anderen Unruhestiftern. Haben mit Steinen auf unsere Soldaten geworfen. Jetzt können sie auf jeden Fall keinen Schaden mehr anrichten.‘ Der Aufseher bemerkte meinen fragenden Blick und fügte in aller Seelenruhe hinzu: ‚Alle dreißig wurden standrechtlich erschossen.‘

Ich konnte es nicht fassen. Lhamo ein Rebell? Lhamo tot? Lhamo war doch ein Kind und kein Verbrecher. Was für ein Unsinn! Bevor mich der Mann vor die Tür schob, drückte er mir noch einen Zettel in die Hand. Es war eine Rechnung über eine Gewehrkugel. Meine Tränen tropften auf das Papier. Das war ungeheuerlich. Ich sollte die Kugel bezahlen, die meinen Bruder getötet hatte …“

Die Erinnerung lässt den alten Mann in sich zusammensinken. Er kann nicht weitersprechen. Tenzin, Tashi, Kelsang und Lobsang streicheln ihn, wollen den Großvater trösten. Jetzt wissen sie, was er gemeint hat, als er gesagt hat, dass er schon Schlimmeres erlebt hat als die Zerstörung ihres Hauses. Auch die Jiangs haben Tränen in den Augen. Sie sind voller Mitgefühl, gehen zum Großvater, ergreifen seine Hände und drücken sie herzlich.

„Wie hast du das alles nur überstanden?“, fragt Tashi mit tränenerstickter Stimme.

„Der Spruch, den Tenzin vorhin gesagt hat, hat mich gerettet: ‚Durch Hass kommt nur Gewalt in die Welt.‘

Dieser Satz des Dalai-Lama hat dafür gesorgt, dass ich nicht auf jeden Chinesen losgegangen bin. Denn Hass und Gewalt helfen uns nicht weiter und sorgen auch nicht dafür, dass es uns besser geht. Da hat der Dalai-Lama so Recht. Leider kapieren das längst nicht alle Menschen. Weißt du, was mir ein Mönch gesagt hat, als ich zitternd durch Lhasa lief? Er sagte: ‚Macht, die sich nur auf Gewehre stützt, die ist nicht von Dauer.' Das hatte zuvor auch der Dalai-Lama gesagt. Dass die Herrschaft der Chinesen über uns nicht ewig dauern kann, das hat mir Hoffnung gegeben. Hoffnung, dass wir irgendwann wieder in einem freien, in einem glücklichen Tibet leben werden. Und natürlich hat mein Glaube mir geholfen", sagt der Großvater.

„Aber was hilft der Glaube, wenn die Chinesen mit uns umspringen dürfen, wie sie wollen?", fragt Tashi aufmüpfig.

„Bitte, Tashi, glaub mir, dass nicht alle Chinesen so sind wie der Lehrer Wang oder die Soldaten. Es gibt viele von uns, die es ungerecht finden, was sie euch antun", meint Herr Jiang verzweifelt.

„Ja, weiß ich doch, dass Sie anders sind. Und Li und ihre Eltern auch", lenkt Tashi ein. „Aber die vielen anderen …" Nach einer Pause wiederholt sie ihre Frage: „Was hilft der Glaube, wenn die Chinesen mit uns machen, was sie wollen?"

„Unser Glaube gibt uns innere Stärke", mischt sich die Mutter in das Gespräch ein.

„Was nutzt uns diese Stärke?", fragt Tashi bockig, ihre

dunklen Augen blitzen zornig. „Die Chinesen mit ihren Waffen sind doch stärker. Die können uns behandeln, wie es ihnen passt."

„Es bleibt abzuwarten, wer am Ende der Stärkere ist", meint die Mutter.

„Abwarten? Wir warten doch schon so lange, und es ändert sich nichts."

„Viele denken wie du, meine Tashi", sagt der Großvater und kratzt sich am Kinn.

Ganz langsam kommt Li näher zum Großvater. Die Erzählung über Lhamo und die Soldaten hat sie erschreckt.

Das Mädchen stellt sich vor den alten Mann, schaut ihn traurig an und fragt: „Warum hat euch damals niemand geholfen? Was die Chinesen gemacht haben, war doch gemein und ungerecht."

„Li, es freut mich sehr, dass du das sagst", sagt der Großvater und zieht das Mädchen zu sich. „Wer hätte uns denn helfen sollen? Die Amerikaner vielleicht? Oder die Europäer? Die haben alle viel zu großen Respekt vor deinen Leuten. Weißt du, ihr Chinesen seid ein großes und mächtiges Volk. Wir dagegen sind so wenige. Warum sollten sich die anderen Länder mit der Weltmacht China anlegen nur wegen ein paar Millionen Tibetern? Und wir Tibeter lehnen Gewalt ab. Der Dalai-Lama sagte mal: ‚Vielleicht verstehen die anderen Völker nicht, wie schlimm es um uns steht, weil wir zur Gewaltlosigkeit entschlossen sind. Aber Gewalt trägt nicht zur Lösung von Konflikten bei.' Aber sollen wir deswegen Bomben hochgehen lassen, nur damit die Welt auf uns aufmerksam wird? Niemals! Das macht meinen Bruder auch nicht mehr lebendig. Und Gewalt trifft ja doch immer nur die Falschen."

Kelsang muss gehen

Einen Monat lang gibt es mit Herrn Wang keine größeren Probleme. Aber dann geht alles Schlag auf Schlag.

In der Schulpause raunt Kelsang seinem Freund zu. „Tenzin, ich muss dir was zeigen. Los komm mit." Die beiden Jungen schlendern langsam, wie zufällig, hinter die Hecke, die den kleinen, mit Kies bedeckten Schulhof von der Straße Richtung Ganden trennt.

„Was denn?", fragt Tenzin neugierig.

Wortlos zieht Kelsang ein Foto aus seiner Hosentasche. „Der Dalai-Lama", flüstert er kaum hörbar.

„Das ist doch verboten", presst Tenzin leise hervor.

Die Chinesen wollen nicht, dass es Fotos vom Dalai-Lama gibt. Darum kontrollieren die Polizisten immer wieder Taschen oder marschieren in die Häuser der Tibeter und durchsuchen alles.

Die Jungen schauen das Bild lange an. Das gütige Gesicht eines älteren Mannes mit schwarzen, kurz geschorenen Haaren ist darauf zu sehen. Hinter der viereckigen Brille wirken seine Augen sehr klein.

Das kommt sicherlich vom Lachen, überlegt Tenzin.

Der Dalai-Lama scheint auf dem Foto laut zu lachen. Er sieht sehr fröhlich aus. Außer seinen Schultern, über denen die rote Kutte hängt, ist nichts mehr zu erkennen. Tenzin streicht mit dem Daumen langsam über das

Gesicht des Dalai-Lama. Dann gibt er Kelsang das Foto zurück. Der will es gerade wieder in seiner Hosentasche verstauen, als ihn ein Hieb mit dem Lineal trifft.

„Hab ich euch erwischt. Los, her damit." Der Lehrer Wang ist ihnen unbemerkt gefolgt. Er schnappt sich das Foto, wirft einen Blick darauf und sein Gesicht wird abwechselnd blass und knallrot. Einen kurzen Moment steht er mit offenem Mund da, als ob er ein Gespenst gesehen hätte, dann donnert er los. „Weißt du, wer das auf dem Foto ist?"

Kelsang nickt und schluckt zugleich. Er weiß genau, dass es strengstens verboten ist, ein Foto vom Dalai-Lama zu besitzen. Aber es bedeutet ihm so viel, es gibt ihm so viel Kraft, so viel Hoffnung, dass Tibet vielleicht wieder ein freies Land wird. Auf Lehrer Wangs Schulhof hat so etwas natürlich nichts zu suchen!

„Du weißt es also", fährt der Lehrer fort. „Und du trägst es trotzdem mit dir rum. Weißt du, was jetzt passiert?"

Kelsang schluckt noch einmal und schüttelt langsam den Kopf. Seine Augen suchen die von Tenzin. Der ist wie gelähmt.

Mittlerweile sind viele Schüler durch Wangs Geschrei angelockt worden. Tashi, die mit Li auf der anderen Seite des Schulhofs gesessen hat, kommt angerannt und hält sich erschrocken die Hand vor den Mund. Sie hat schon oft genug von Leuten gehört, die wegen solch eines Fotos im Gefängnis gelandet sind.

Plötzlich wird Lehrer Wang wieder ganz kühl und

sachlich. „Nun", sagt er so laut, dass es auch alle Schüler hören können, und spielt dabei mit seinem Lineal, „jemand, der gegen Vorschriften verstößt, hat in meiner Schule nichts zu suchen. Mach, dass du nach Hause kommst. Für dich ist hier kein Platz mehr."

„Aber, Herr Wang …", versucht Li sich einzumischen. Wang mag Li, denn sie ist eine ausgezeichnete Schülerin und kommt aus derselben Provinz in China wie seine verstorbene Mutter. Das kleine Mädchen mit den dünnen Zöpfen und der bleichen Haut erinnert ihn an die Heimat.

„Aber Herr Wang, es ist doch nur ein Foto. Kelsang wusste bestimmt nicht …"

„Ach was …", unterbricht Wang seine Lieblingsschülerin, „Kelsang wusste ganz genau, dass er kein Foto von diesem Menschen haben darf. Es ist seine eigene Schuld."

„Aber, Herr Wang …" Li startet nochmals einen Versuch, den Lehrer umzustimmen. „In Ihrem großartigen Unterricht kann Kelsang doch so viel Wichtiges und Gutes lernen. Vielleicht weiß er einfach noch nicht genug über unser Land und unseren Staat China. Sie können ihn sicher noch erziehen."

Li will dem Lehrer schmeicheln, damit Kelsang in der Schule bleiben darf. Alle wissen, dass es ohne Schule keine Zukunft für einen Tibeter gibt.

„Das hätte er sich früher überlegen müssen, Li", antwortet Wang nur. „Kelsang muss die Schule verlassen. Das ist mein letztes Wort."

Mit hängendem Kopf und eingezogenen Schultern

schleicht Kelsang ins Klassenzimmer und holt seine ab-
gewetzte Schultasche. Tenzin begleitet ihn.

„Ich komme jeden Mittag zu dir nach Hause und
dann unterrichte ich dich", versucht Tenzin seinen
Freund aufzumuntern.

„Mal sehn. In der Schule lernt man sowieso nur Chi-
nesenmist", erwidert er. Im Moment ist Kelsang zu
durcheinander, um sich auch nur einen Gedanken über
seine Zukunft zu machen. Erst einmal muss er den
Rauswurf seinen Eltern beibringen.

Eine Woche lang hat Tenzin von seinem Freund Kelsang nichts gehört. Ob er Hausarrest hat, weil er aus der
Schule geflogen ist, oder ob er sich einfach nicht mehr
unter die Leute wagt? Tenzin weiß es nicht. Doch dann
kommt Kelsang überraschend zu Besuch und er sieht
überhaupt nicht so aus, als ob er irgendein Problem am
Hals hätte. Stattdessen setzt er sich schwungvoll und
mit einem breiten Grinsen aufs Bett.

„Es gibt eine Lösung. Ich darf wieder zur Schule", ruft
Kelsang begeistert.

„Jetzt hat es dich erwischt", meint Tenzin. „Erst heute
Morgen hat Wang noch einmal betont, dass er jeden
von der Schule wirft, der gegen Vorschriften verstößt.
,Lasst es euch eine Lehre sein, wie es diesem nichtsnut-
zigen Kelsang ergangen ist', hat er gesagt."

„Ach der blöde Wang, der kann mir gestohlen bleiben", sagt Kelsang und macht eine wegwerfende Hand-
bewegung. „Es ist tausendmal besser."

„Jetzt rück endlich raus mit der Sprache", sagt Tenzin ungeduldig.

Kelsang grinst ihn an und erklärt: „Ich werde im berühmten Kloster Ganden aufgenommen. Du weißt schon, wo ich mit meinem Vater eine Pilgerreise hinmachen wollte. Ich werde Mönch, kann alle tibetischen Schriften studieren und werde dadurch dem Dalai-Lama ganz nah sein. Das wird keine kurze Pilgerreise mehr, ich darf jetzt ganz lange dort bleiben. Vielleicht für immer."

Tenzin lässt sich zu Kelsang aufs Bett plumpsen. „Das ist ja, das ist ja fabelhaft", wiederholt er immer wieder. Tenzin weiß, wie wichtig der Glaube und der Dalai-Lama für seinen Freund sind.

„Wann geht's los?"

„In ein paar Tagen", antwortet Kelsang. „Wenn die Felder bepflanzt sind, brechen wir auf."

Tenzin schluckt. Ein paar Bauern im Dorf haben bereits angefangen, die Felder zu bepflanzen. So bald schon muss er sich also von seinem besten Freund trennen.

„Wir können uns Briefe schreiben. Dann erzählst du mir, was sich der Wang wieder für Gemeinheiten ausgedacht hat und was hier im Dorf passiert", meint Kelsang, der Tenzins Gedanken errät. „Oder du machst bald mal eine Pilgerreise und besuchst mich im Kloster."

„Und du musst weiter jedes Jahr zum Festessen kommen", sagt Tenzin bereits wehmütig. Einerseits freut er sich für Kelsang, andererseits wird er traurig bei dem Gedanken, den Freund nur noch selten zu sehen.

„Na ja, wenn man im Kloster ist, darf man nicht kommen und gehen, wie es einem gerade passt. Aber wenn sie es mir erlauben, komme ich gerne."

Außer einer Decke für jeden, einem kleinen Sack Tsampa und Essschüsseln nehmen Kelsang und sein Vater nichts mit. Nach Ganden braucht man zu Fuß zwei Tage. Unterwegs werden sie Bauern bitten, in einer Scheune übernachten zu dürfen. Wenn die Nacht nicht zu kalt ist, werden sie ihre Decken auf einer Wiese ausbreiten und unter den Sternen schlafen. Aber Tibets Nächte sind meist empfindlich kalt. Tibet wird ja auch „Dach der Welt" genannt, weil es so hoch über dem Meeresspiegel liegt. Ein bisschen näher am Himmel, wie Tenzins und Tashis Großvater immer sagt.

Kelsang schultert den Sack mit Tsampa. Zuvor hat er sich ein altes, dunkelblaues Tuch über die Schulter gelegt, das als Polster dienen soll. Der Vater trägt die bunten Decken und die kleinen Blechschüsseln.

Es ist noch früh am Tag. Fast die ganze Schulklasse ist gekommen, um sich von Kelsang zu verabschieden. In Windeseile hat es sich herumgesprochen, dass Kelsang ins Kloster geht. Keiner weiß, wann sie ihn wiedersehen werden. Tenzin umarmt seinen Freund.

„Mach's gut und pass auf dich auf. Du wirst mir fehlen."

„Du mir auch."

Tashi weint. Sie mag Kelsang sehr und bewundert ihn auch ein bisschen.

Die kleine Li drückt seinen Arm. „Ich freue mich für dich."

„Danke, Li", erwidert Kelsang, „auch dass du dich bei Wang für mich eingesetzt hast, das werde ich dir niemals vergessen. Jetzt müsst ihr aber los – sonst beginnt der Unterricht ohne euch und ihr bekommt noch Ärger meinetwegen."

Aber das interessiert jetzt keinen. Alle grinsen nur und bleiben winkend stehen, bis Vater und Sohn hinter der Flussbiegung verschwunden sind.

„Freiheit für Tibet" – Schwierigkeiten für Tashi

Natürlich ist der Lehrer Wang wütend, als fast die ganze Klasse zu spät kommt. Aber das ist nichts gegen seine Wut, die Tashi ein paar Tage später mit voller Wucht trifft. Wie gewöhnlich langweilt das Mädchen sich im Unterricht. Nur noch zwei Wochen bis zu den Sommerferien, denkt sie erleichtert. Dann bleibt sie vom Lehrer Wang und seiner Boshaftigkeit eine Weile verschont. Sie wird mit Tenzin und Lobsang Schafe hüten und auf den Feldern arbeiten. Sie werden im Fluss schwimmen und Kiesel auf der Wasseroberfläche hüpfen lassen. Sie werden Großvaters Geschichten anhören und sich selbst welche für ihn ausdenken. Und vielleicht werden sie ja sogar Kelsang besuchen.

Tashis Gedanken sind meilenweit vom Geschichtsunterricht entfernt. Lehrer Wang zählt gerade mit einschläfernder Stimme die Beschlüsse des soundsovielten Parteitags der Kommunistischen Partei Chinas auf. Doch Tashi malt Männchen und Muster auf ihr Blatt Papier. Und dann schreibt sie die Worte, die sie neulich auf einer Mauer gesehen hat. „Freiheit für Tibet" stand auf der Mauer. Als Tashi nachmittags nach Hause gegangen war, war „Freiheit für Tibet" bereits gründlich übermalt gewesen. Doch Tashi gingen die Worte nicht mehr aus dem Kopf.

Abends hatte sie den Vater nach der Bedeutung gefragt. Der Vater hatte sanft gelächelt und gleichzeitig den Zeigefinger vor Tashis Mund gehalten.

„Ach Tashi, das hat bestimmt einer unserer Landsleute auf die Mauer geschrieben, der sich nach Freiheit sehnt. Wie wir alle. Aber was er gemacht hat, ist sehr gefährlich. Er hat Worte benutzt, die den Chinesen nicht gefallen. Sie wollen nicht, dass wir an ein freies Tibet denken. Die Chinesen sagen, Tibet gehört schon immer zu China, und als sie vor über fünfzig Jahren in unser Land gekommen sind, hätten sie es befreit. Tibet sei kein unabhängiges Land. Aber den Wunsch nach Freiheit tragen wir immer in uns."

Der Vater strich seiner Tochter zärtlich über ihre Wange. „Ich weiß, Tashi, dass du dir auch Freiheit wünschst. Aber versprich mir, dass du nie darüber redest oder schreibst. Hörst du – niemals!"

Tashi blickte in das Gesicht des Vaters. Er, der seine Kinder sonst immer zärtlich und liebevoll anschaute, sah sehr ernst und besorgt aus.

Tashi nickte. „Versprochen." Dann umarmte sie ihn, schmiegte sich an das raue braune Hemd und atmete den Geruch des Vaters ein. Wie immer roch er nach Tieren, nach Schweiß von der Feldarbeit und nach Geborgenheit. Es tat so gut, die Nähe und Wärme des Vaters zu spüren.

Plötzlich steht „Freiheit für Tibet" auf dem Blatt Papier. Tashi hat keine Ahnung, warum die Worte ihr gerade jetzt in den Sinn kommen. Lehrer Wang betet langweilige Jahreszahlen über chinesische Heldentaten vor, die Tashi absolut nicht interessieren. Sie kritzelt gedankenverloren weiter „Freiheit für Tibet", „Freiheit für Tibet", „Freiheit für Tibet".

„Spinnst du. Lass das Blatt sofort verschwinden", raunt Li ihr zu. „Das ist ja lebensgefährlich."

Tashi erschrickt. Erst jetzt wird ihr bewusst, dass sie noch in der Schule sitzt und verbotene Wörter gekritzelt hat. Vorsichtig, Millimeter für Millimeter, schiebt Tashi das Blatt unter ihr Geschichtsbuch. Dabei beobachtet sie jede Bewegung des Lehrers. Tashi hat Glück. Li atmet erleichtert auf.

„Wer kann mir sagen, wann die Kulturrevolution begonnen hat?", fragt Lehrer Wang.

Sofort strecken alle chinesischen Kinder die Arme nach oben. Aber auch nur sie.

„Das ist ja mal wieder typisch", ärgert sich Wang, „dass unsere Tibeter so tun, als hätten sie von so einem wichtigen Ereignis nicht die leiseste Ahnung. Tashi, fällt es dir ein?"

Das Mädchen ist so aufgeregt, dass sie die Frage überhaupt nicht verstanden hat. Li flüstert ihr die Jahreszahl zu, doch Tashis Herz klopft so laut, dass sie nichts hören kann.

„Na, wird's bald", sagt der Lehrer grimmig. „Ich muss dir wohl zeigen, wo das in deinem Geschichtsbuch steht." Mit drei großen Schritten ist Lehrer Wang bei Tashi und ergreift das Geschichtsbuch. Gleichzeitig versucht Tashi, das Papier unter dem Tisch verschwinden zu lassen, doch sie hat keine Chance. Blitzartig schnappt Wang die Seite mit den Kritzeleien. Er kann zwar kaum Tibetisch lesen, aber die Worte auf Tashis Zettel erkennt er sofort. Entsetzt starrt er das Mädchen ein paar Sekunden an, dann saust sein Lineal auf ihren Kopf. Einmal, zweimal, fünfmal, zehnmal. Der Lehrer drischt auf das Mädchen ein. Li versucht, ihre Freundin zu schützen, doch der tobende Wang zerrt sie weg. Tenzin springt sofort auf, weil er seiner Schwester helfen will. Aussichtslos.

Der Lehrer hat Tashi in die Ecke getrieben und prügelt weiter auf sie ein. Die Ecke hat er bewusst gewählt, denn dort lehnt der Dornenzweig, den Wang manchmal zum Schlagen benutzt. Er greift danach und schlägt mit dem stachligen Zweig auf Tashi ein. Sie schreit auf. Die Dornen verhaken sich bei jedem Hieb dort in ihrer Haut, wo keine Kleidung sie schützt. Sie hinterlassen kleine, schmerzende Risse. Mit einem Ruck zieht Wang den Zweig weg und lässt ihn an einer anderen Stelle auf Tashis Körper niedersausen. Es rinnt Blut.

Der Rest der Klasse sieht wie versteinert zu. Zwei Jungen halten Tenzin fest, damit er nicht auf den Lehrer losgehen und noch mehr Schaden anrichten kann.

„Durch Hass kommt nur Gewalt in die Welt", ruft Tenzin, aber Wang nimmt keine Notiz davon. Jemand hält Tenzin mit der Hand den Mund zu.

„Sei still! Du machst alles nur noch schlimmer!", raunt der Klassenkamerad Tenzin zu.

Li zittert am ganzen Körper. „Wegen dreier Wörter, wegen dreier Wörter", stammelt sie fassungslos.

Tashi kauert blutend in der Ecke. Sie hat die Arme schützend über den Kopf gelegt. Kleine rote Rinnsale tropfen auf den Boden.

„Raus, raus", brüllt Wang wütend.

Dieses Mal ist es Tenzin, der seiner Schwester nach Hause hilft. Tashi weint den ganzen Weg. Sie weint vor Schmerzen, aber noch viel mehr vor Wut, weil der chinesische Lehrer sie misshandeln kann, ohne eine Bestrafung fürchten zu müssen.

Der Großvater schlägt entsetzt die Hände zusammen, als er seine beiden Enkel sieht. Er brüht Kamillentee auf, während Tenzin versucht, die festgehakten Dornen aus Tashis Haut zu ziehen.

Schweigend setzt sich ein paar Minuten später Li zu ihnen aufs Bett und hilft Tenzin.

„Die Schule ist doch noch nicht aus", sagt der Großvater.

„Ich bin früher gegangen. Tashi ist wichtiger als Schule", erwidert Li. „Als Lehrer Wang sich draußen die Hände gewaschen hat, bin ich davongelaufen."

Li weiß nicht, wie der Lehrer reagieren wird, wenn seine Lieblingsschülerin fehlt. Vielleicht wird er sie morgen bestrafen, doch das interessiert sie im Moment nicht. Tashi braucht Hilfe, das ist alles, was zählt. Li nimmt dem Großvater die Tasse Kamillentee ab, sucht nach einem Taschentuch und beginnt, die Arme der Freundin zu säubern.

„Was ist denn überhaupt geschehen?", will der Großvater wissen.

Unter Tränen erzählt Tashi von den „Freiheit-für-Tibet"- Kritzeleien und wie der Lehrer sie entdeckt hat.

„Oje, das wird Ärger geben", sagt der Alte.

Er streicht seiner Enkelin zärtlich über die Haare. „Meine Tashi, meine liebe, liebe Tashi mit ihren rebellischen Gedanken."

„Warum darf man nicht mal diese paar Worte aufschreiben? Tibet muss ein freies Land werden", schluchzt Tashi. „Dann können wir solche üblen Typen wie Wang einfach rauswerfen."

„Frei sein wollen wir alle. Aber ich kenne kaum jemanden, der sich deswegen so sehr in Gefahr bringt wie du, meine kleine, mutige Enkelin", erwidert der Großvater besorgt und gleichzeitig voller Zärtlichkeit.

Die Eltern und Lobsang sind entsetzt, als sie erschöpft von den Feldern zurückkommen. Tashi sieht fürchterlich aus. Auf den Armen, im Gesicht und im Nacken, wo sich die Stacheln in die Haut gebohrt haben, ist alles rot und dick geschwollen.

„Den Wang schmeiß ich aus Tibet raus", ruft der kleine Lobsang empört. Manchmal ist er richtig froh, dass er nicht zur Schule gehen darf.

„Dann kommt einfach ein anderer chinesischer Lehrer", meint Tenzin.

„Aber vielleicht ist ein anderer Lehrer netter. So wie Li", sagt Lobsang.

„Es tut mir leid, Vater", sagt Tashi leise. „Ich hatte dir versprochen, nichts aufzuschreiben. Ich weiß auch nicht, wie das passieren konnte. Die Wörter kamen einfach aus mir raus. Mir wurde es auch erst bewusst, als Li sie entdeckt hatte."

„Still, meine Kleine. Ist schon gut", sagt der Vater sanft. Er ist nicht wütend, sondern nur besorgt – und sogar ein bisschen stolz auf seine Tochter. „Was passiert ist, ist passiert. Du musst dich nicht entschuldigen. Tut es sehr weh?"

Tashi muss weinen. Dieses Mal nicht vor Schmerzen, sondern weil sie den liebsten und verständnisvollsten Vater auf der ganzen Welt hat.

Am Abend donnert jemand gegen die Haustür. Die ganze Familie erschrickt. So ein lautes Poltern bedeutet meist nichts Gutes. In aufrechter Haltung geht der Vater zur Tür. Draußen steht Lehrer Wang.

„Was möchten Sie?", fragt der Vater alles andere als freundlich. Er bittet den Lehrer nicht ins Haus.

„Ich möchte mitteilen, dass ich Tashi in einem Umerziehungslager angemeldet habe. Sie ist frech, ungehorsam und eine Gefahr für ihre Klasse und das ganze Dorf. Sie muss in die richtigen Bahnen gelenkt werden. Da Sie als ihre Eltern anscheinend dazu nicht in der Lage sind, müssen das geschulte Experten erledigen. Dann wird aus Tashi später vielleicht doch noch eine anständige Bürgerin. Sie muss sich nach den Ferien in Xi-ning im Umerziehungslager melden." Der Lehrer wirft dem Vater noch einen abschätzigen Blick zu, dann verschwindet er wieder in der Dunkelheit.

Im Haus ist es still wie in einem Grab. Alle haben gehört, was der Lehrer gesagt hat, und alle wissen, was das bedeutet. Die Stadt Xi-ning liegt mehr als tausend Kilometer von Dubehi entfernt – das hat ihnen der Lehrer immer wieder erzählt. Wang hat schon etliche Male mit dem Umerziehungslager gedroht. „Wenn du so weitermachst, dann kommst du nach Xi-ning", das war einer seiner Lieblingssprüche, den sich schon viele Schüler anhören mussten. Aber mit der Zeit hat das keiner mehr richtig ernst genommen. Wang hat auch immer mit Begeisterung geschildert, wie es in so einem Umerziehungslager zugeht. Er kennt sich bestens aus, weil er dort selbst ein paar Jahre als Erzieher gearbeitet hat. Es geht dort zu wie in einer Kaserne. Alle Befehle der Aufseher müssen ohne Murren ausgeführt werden. Die Menschen in den Lagern werden gedrillt und schikaniert. Sie werden dazu erzogen, wie Chinesen zu denken. Sie sollen die tibetische Kultur und ihren Glauben verachten und alle Tibeter für rückständig und dumm halten.

Wenn Tashi erst einmal in Xi-ning ist, kann es viele Jahre dauern, bis sie ihre Familie wiedersieht. Wahrscheinlich begegnen sie sich dann wie Fremde.

„Oh nein, nicht Xi-ning. Das lasse ich nicht zu", ruft die Mutter entsetzt in die Stille. „Meine Tochter geht auf gar keinen Fall nach Xi-ning! Überallhin, nur nicht nach Xi-ning."

Der Vater steht immer noch starr vor Schreck an der Haustür.

Tashi hat sich an Tenzin geklammert. Sie möchte etwas sagen, doch sie bringt kein Wort über die Lippen. Die Schmerzen haben nachgelassen. Es fließt kein Blut mehr. Aber jetzt schmerzt Tashis Seele.

„Beruhigt euch erst einmal", sagt der Großvater einigermaßen gefasst. „Wir werden eine Lösung finden. Wir haben noch Zeit bis zum Ende der Ferien. Es wird sicher eine Lösung geben."

Die ganze Familie setzt sich an den Küchentisch. Sie halten sich an den Händen und versuchen, sich gegenseitig Kraft zu geben.

Nachts teilen sich die Zwillinge eine schmale Pritsche. Normalerweise geht es Tashi immer auf die Nerven, wenn sich ihr Bruder im Bett so breitmacht und kaum noch genug Platz für sie bleibt, um sich umzudrehen. Aber diesmal ist sie ganz froh, dass Tenzin so nahe bei ihr ist. Auch ihr Bruder spürt eine tiefe Traurigkeit und eine unglaubliche Wut, weil die Lage so aussichtslos ist. Warum darf Lehrer Wang einfach über Tashis Leben bestimmen?

Tashi hat ähnliche Gedanken wie er.

„Ich möchte nicht weg von euch. Ich will auf keinen Fall ins Umerziehungslager. Am liebsten würde ich der ganzen Welt erzählen, was hier für Ungerechtigkeiten passieren. Ich möchte es hinausschreien, wie man uns hier behandelt."

Tenzin drückt seine Schwester an sich. Er kann sie so gut verstehen.

„Was können wir nur tun?", fragt Tashi verzweifelt.

Tenzin zuckt mit den Schultern. „Keine Ahnung. Ich hoffe, der Großvater und die Eltern finden eine Lösung."

Mit diesem Gedanken schlafen die Zwillinge eng aneinandergeschmiegt ein.

Ein paar Tage später geht scheinbar alles seinen gewohnten Gang. Die Kinder arbeiten auf den Feldern und hüten die Schafe. Trotz allem versuchen sie, ihre Ferien zu genießen. Sie baden im Fluss und spielen miteinander Verstecken. Tashi wünscht sich sehnlichst, Li wäre hier. Aber sie besucht ihre Großeltern in ihrer Heimatprovinz in China. Li wird erst in zehn Tagen zurückkommen.

Ein Gedanke reift

„Überallhin, nur nicht nach Xi-ning." Jeden Abend, wenn sie im Bett liegt, muss Tashi an die Worte ihrer Mutter denken. Ob das einfach so dahingesagt war? Oder hat sich ihre Mutter mehr dabei gedacht? Keiner hat mehr groß über die Angelegenheit gesprochen. Eigentlich ist es auch nicht so wichtig. Die Mutter hat so oder so Recht. Wenn sie wirklich ihr Zuhause verlassen muss, wenn es überhaupt keine andere Möglichkeit mehr gibt … Es muss einfach bessere Orte als das Umerziehungslager geben, an die man gehen kann. Ins Kloster, wie Kelsang? Nein, das geht nicht. Kelsang war nun einmal schon immer ein sehr gläubiger Junge, aber Tashi wollte noch nie Nonne werden. Außerdem – wer erst einmal auf der Liste für das Umerziehungslager steht, kann auch gar nicht mehr ins Kloster eintreten. Aber vielleicht gibt es noch einen anderen Ausweg? Ihr gehen die Geschichten ihres Großvaters durch den Kopf. „Wo der Dalai-Lama ist, da ist Tibet", hat er gesagt. Obwohl der Dalai-Lama über die Berge nach Indien fliehen musste. Zuerst ist das nur so ein Gedanke, aber er lässt sie nicht mehr los. Nur, mit wem kann sie darüber reden?

„Großvater", Tashi kuschelt sich an einem kühlen Abend an den alten Mann. „Großvater, ich halt das nicht mehr aus", sagt sie mit leiser Stimme. „Ich gehe nicht ins Umerziehungslager. Können wir nicht zum Dalai-Lama nach Indien fliehen?" Tashi hat tagelang gezögert, bevor sie diese Frage gestellt hat. Sie hatte Angst, der Großvater würde einen gewaltigen Schreck bekommen. Aber jetzt wirkt er so, als ob er nur auf die Frage gewartet hätte.

„Ich kann es nicht, weil ich schon viel zu alt bin. Der Weg dorthin ist sehr anstrengend. Er führt über hohe Berge. Die sind viel höher als unsere Berge hier. Es ist sehr gefährlich, denn man muss sich den ganzen Weg vor den Soldaten verstecken und heimlich über die Grenze nach Nepal gehen …", sagt er ganz ruhig und sachlich.

„Gibt es Tibeter, die das versucht haben?", unterbricht Tashi den alten Mann.

„Natürlich. Viele Tibeter sind schon nach Nepal oder Indien geflohen, weil sie es hier nicht mehr ausgehalten haben", erklärt Großvater. „Wie viele es nicht geschafft haben, weil sie erfroren sind, weil sie unter Lawinen begraben wurden, sich verirrt haben oder von den Soldaten gefangen genommen wurden, das weiß niemand."

Das ist Tashi egal. Es gibt Leute, die es geschafft haben, das reicht dem Mädchen. Sie sieht auf einmal sehr zufrieden aus.

Der Großvater schaut seine Enkelin fragend an. Tashi gibt dem alten Mann einen Kuss und zieht zärtlich an den Barthaaren an seinem Kinn. Soeben hat sie einen Entschluss gefasst.

Als die Zwillinge im Bett liegen, kuschelt sich Tashi ganz eng an ihren Bruder. „Tenzin, schläfst du schon?"

„Nein", antwortet er, doch es klingt sehr schläfrig.

„Kommst du mit mir nach Indien?"

Sofort sitzt Tenzin kerzengerade im Bett. Von Schläfrigkeit keine Spur mehr. „Waaaaas?"

„Ich sagte, kommst du mit mir nach Indien zum Dalai-Lama?", wiederholt Tashi ganz ruhig.

„Wie soll das denn gehen?", will Tenzin wissen und legt sich wieder hin. Seine Schwester ist anscheinend völlig übergeschnappt. Eigentlich kein Wunder, wenn man bedenkt, dass sie nach Xi-ning soll.

„Kommst du mit?", sagt Tashi nach einer Weile noch einmal. „Wie das gehen soll, weiß ich noch nicht. Wir müssen über die Berge und uns vor den Soldaten verstecken. Aber wir sind nicht die Ersten, die es versuchen." Tashi hat vor Begeisterung ganz heiße Wangen. Ihr Herz schlägt wie verrückt. Tenzin fällt auf, dass Tashi immer „wir" gesagt hat. So, als wäre es für sie selbstverständlich, dass Tenzin mitkommen würde.

„Tenzin, warum sagst du nichts? Bist du eingeschlafen?" Tashi lässt nicht locker.

Natürlich schläft Tenzin nicht, aber er möchte eigentlich gar nicht darüber nachdenken, ob er wirklich seine Eltern, seinen Bruder, den Großvater und seine Freunde verlassen will – vielleicht für immer. Was verlangt Tashi da von ihm? Er liebt diese Menschen. Dubehi ist seine Heimat. Wenn auch nicht alles gut ist, so ist es doch sein Zuhause. Soll er das alles wirklich verlassen?

Obwohl Tenzin sehr aufgeregt ist, versucht er, gleichmäßig zu atmen. Tashi rüttelt ihn leicht an der Schulter.

„Der ist wirklich eingeschlafen", murmelt sie enttäuscht und dreht sich zur Seite.

Tenzin grübelt weiter. Was hat Tashi hier für Möglichkeiten? Keine. Sie hat schon Recht, sie muss unbedingt hier weg. Und er? Er wird Bauer oder Schäfer wie sein Vater. Was anderes wird ihm nicht möglich sein, dazu ist seine Familie für die Chinesen zu unbequem.

Zum ersten Mal in seinem Leben fragt sich der Junge, wie seine Zukunft aussehen soll. Nach dem Brief, den er vor kurzem von Kelsang bekommen hat, würde er auch gerne Mönch werden. Aber wie kann er ein Leben als Mönch führen, wenn seine Schwester in einem Umerziehungslager sitzt? Vielleicht ist Tashi ja gar nicht übergeschnappt, sondern ganz vernünftig. In Indien könnten sie beide etwas lernen und ohne Schikanen leben. Dort gibt es andere Tibeter, die ihnen ganz bestimmt helfen würden. Die Tibeter, die er kennt, halten immer zusammen.

Der Junge ist hin und her gerissen. Er möchte bei seiner Familie bleiben, aber auch frei sein – und er wünscht sich sehnlichst, den Dalai-Lama zu sehen. Tashi einfach so gehen zu lassen, ob jetzt ins Umerziehungslager oder nach Indien, das kann er sich auch nicht vorstellen. Tenzin hat Angst vor einer Entscheidung. Und er fürchtet sich vor der Flucht. Er hat keine Ahnung, welche Gefahren lauern. Es vergehen noch Stunden, bis der Junge in unruhigen Schlaf fällt.

Tenzin träumt, dass er auf dem kleinen Marktplatz steht. Um ihn herum sind viele Menschen. Das ganze Dorf ist auf den Beinen. Tenzin möchte mit den anderen über den Dalai-Lama reden. Er macht den Mund auf. Plötzlich legen sich von hinten zwei Hände auf seinen Mund. Er versucht, die Hände abzuschütteln, doch es gelingt ihm nicht. Je mehr er sich wehrt, umso kräftiger drücken ihm die Hände den Mund zu. Schließlich nimmt jemand Tenzin in den Schwitzkasten. Er fällt auf den steinigen Boden. Er versucht, sich zu befreien, doch es gelingt ihm nicht. Die Leute auf dem Marktplatz kann er nicht mehr sehen. Überall halten ihn Arme und Hände fest und hindern ihn am Sprechen.

„Jetzt reicht's." Tashi stößt ihren Bruder energisch in die Seite. „Was ist los? Du wirfst mich fast aus dem Bett, so zappelst du rum."

„Was?" Tenzin ist ganz benommen.

„Mann, du bist ja schweißgebadet", sagt Tashi. „Hast du geträumt?"

Tenzin nickt. „Ich komme mit nach Indien", sagt er nur.

Tashi reißt Augen und Mund auf.

„Mach den Mund zu", erwidert Tenzin nur. „Wir müssen in Ruhe planen, wie wir nach Indien kommen."

Heimliche Vorbereitungen

Die Zwillinge haben keine Landkarten und keinen Reiseführer. Eine Bücherei gibt es in dem kleinen Dorf genauso wenig wie einen Buchladen. Der Einzige, der ihnen bei der Planung vielleicht helfen könnte, ist der Großvater. Er ist der Einzige, der in seinem Leben ein bisschen im Land herumgekommen ist. Darum laden seine Enkel den alten Mann zu einem Spaziergang ein.

„Ihr wollt weg", sagt der Großvater nur.

„Kannst du Gedanken lesen?", fragen Tashi und Tenzin wie aus einem Mund.

„Das war nicht schwer zu erraten. Und ich glaube auch, es ist das Beste für Tashi", meint der alte Mann. Liebevoll schaut er seine Enkel an.

„Wir wissen aber nicht, wie wir das anfangen sollen", meint Tenzin. „Kannst du uns helfen?"

„Seid ihr ganz sicher, dass ihr fliehen wollt? Ist euch klar, dass ihr vielleicht nie wieder zurückkommt?"

Tashi nickt sofort. Tenzin schaut den Großvater mit sorgenvoller Miene an. Seine Zweifel sind noch nicht verschwunden. Es fällt ihm schwer, seine Familie zu verlassen. Der Junge wundert sich ein wenig, dass der Großvater nicht versucht, sie umzustimmen.

Auch dieses Mal scheint er die Gedanken seines Enkels zu erraten.

„Wenn ich jünger wäre, würde ich sofort mitkommen. Es ist wichtig, dass die Welt erfährt, wie wir hier
leben. Ihr müsst Englisch lernen, damit ihr mit allen
Menschen reden könnt. Sicher wird Tibet eines Tages
wieder ein freies Land sein. Dafür müssen wir beten
und unser Möglichstes tun. Ihr könnt Tibet mehr helfen, wenn ihr geht. Ihr könnt einen Beruf lernen, denn
wenn Tibet frei ist, brauchen wir ausgebildete Menschen." Nach einer Weile fährt er fort. „Ich weiß nur,
dass ihr zuerst nach Kathmandu gehen müsst. Das ist
die Hauptstadt von Nepal. Dort gibt es Tibeter, die euch
helfen werden, nach Indien zu kommen. Dorthin, wo
der Dalai-Lama lebt. Ich habe gehört, dass es Männer
gibt, die Flüchtlinge über die Berge bringen. Aber diese
Männer verlangen dafür Geld. Viel Geld."

„Meinst du, im Kloster Ganden wissen sie mehr?",
fragt Tashi.

„Vielleicht. Ihr müsst es versuchen. Es ist eure einzige
Chance. Die Mönche werden euch sicherlich helfen,
wenn sie können."

Der Großvater bleibt stehen und schaut seinen Enkeln lange in die dunklen Augen. „Was ihr vorhabt, ist
sehr, sehr gefährlich. Trotzdem bin ich stolz auf euren
Entschluss."

„Großvater", ständig geht Tenzin eine Frage durch
den Kopf, „wie sollen wir es denn nur Mutter und Vater
beibringen?"

Der alte Mann zupft nachdenklich an seinen Barthaaren. „Das wird nicht allzu schwer werden. Sie wer-

den euch ganz sicher verstehen. Sie haben ja selbst jahrelang darüber nachgedacht, nach Indien zu fliehen", sagt er mit leiser Stimme. „Ihr dürft es jedoch sonst niemandem erzählen. Auf keinen Fall solltet ihr Lobsang einweihen. Er ist zu klein und könnte sich verplappern. Denn eins ist sicher: Wenn die Chinesen von eurem Vorhaben erfahren, dann landet ihr alle beide im Umerziehungslager."

Nach dem Abendessen helfen die Zwillinge ihrer Mutter beim Abwasch. Großvater spielt mit Lobsang. Der Junge ist völlig in ein Rätsel vertieft, das ihm der alte Mann gestellt hat. Der Vater besucht gerade den Nachbarn Tseing, der krank in seiner Hütte liegt.

„Mutter, wir müssen dir was sagen", fängt Tashi an. Es fällt ihr schwer, die richtigen Worte zu finden. „Weißt du, Mutter, ich gehe auf keinen Fall in dieses Umerziehungs…"

„Ihr wollt weg", meint die Mutter nur. Im Spülwasser sieht man nicht, dass ihre Hände zittern.

„Woher weißt du das?" Die Zwillinge starren ihre Mutter fassungslos an.

„Ich kann eure Unzufriedenheit spüren. Und ja, ich kann euch verstehen. Ich möchte auch nicht, dass Tashi ins Umerziehungslager kommt. Meine Tochter ist eine stolze Tibeterin und soll es auch bleiben. Ihr seid jung, ihr könnt so viel für unser Land tun. Hier habt ihr dagegen keine Chance."

„Wir können doch alle zusammen gehen", platzt

Tashi heraus. Das Mädchen wird auf einmal von einer tiefen Traurigkeit überfallen.

Die Mutter schüttelt den Kopf. „Nein. Wir haben uns das schon vor vielen Jahren überlegt. Als ihr noch ganz klein wart. Aber in Indien brauchen sie keine Bauern. Sie brauchen Leute mit einer guten Schulbildung. Euer Vater und ich, wir hätten in Indien keine Zukunft. Wir würden keine Arbeit finden. Unser Platz ist hier – in Tibet. Außerdem müssen wir doch für Großvater sorgen und für die alten Tanten am Ende des Dorfes." Die Mutter schaut ihre Kinder zärtlich an.

„Es macht dir nichts aus, wenn wir fliehen?", fragt Tenzin, der nicht will, dass seine Mutter traurig ist.

„Natürlich macht mir das was aus", sagt die Mutter, die mühsam ihre Tränen unterdrückt. „Es bricht mir das Herz, weil ihr meine Kinder seid und ich euch liebe. Aber ich möchte, dass es euch gut geht. Jeden Tag sehe ich, wie ihr unter den Schikanen in der Schule leidet. Schläge mit dem Dornenzweig, Knien im eiskalten Wasser und nun das Umerziehungslager – das ist zu viel. Das ist kein gutes Leben. Gerade weil ich euch so liebe, muss ich euch gehen lassen. Und ich weiß, dass euch alle Tibeter helfen werden. Überall auf der Welt. Das tröstet mich etwas."

Tashi kommen die Tränen. Sie freut sich und ist zugleich unendlich traurig.

„Was wird Vater sagen?", fragt sie und versucht, sich die Tränen abzuwischen. Das nützt allerdings nichts, sofort schießen neue nach.

„Euer Vater denkt genauso wie ich. Wir sprechen schon seit einigen Tagen immer wieder darüber. Für Tashi ist die Flucht die einzige Lösung. Wenn ihr nicht von selbst damit herausgerückt wärt, hätten wir es Tashi vorgeschlagen. Dass du auch mitwillst, Tenzin, daran haben wir gar nicht gedacht. Aber andererseits beruhigt es uns ein bisschen, wenn ihr euch zu zweit aufmacht. Du stehst doch sowieso schon auf der schwarzen Liste von Lehrer Wang, Tenzin. Wer weiß, vielleicht wärst du als Nächster nach Xi-ning gekommen."

Tashi fällt noch etwas Wichtiges ein. „Wenn wir einfach so von einem Tag auf den anderen verschwunden sind, werdet ihr da keinen Ärger mit den Chinesen bekommen? Die können sich doch sicher denken, dass wir geflohen sind."

Die Mutter blickt sie liebevoll an. „Um uns, Tashi, braucht ihr euch keine Gedanken zu machen. Du weißt doch, dein Vater ist seit Lobsangs Geburt und der Sache mit dem Haus bei den Chinesen sowieso unten durch. Und wir haben nicht viel, was sie uns noch wegnehmen können. Nein, mit denen werden wir schon fertig. Ihr müsst jetzt nur an euch denken."

„Ihr seid die besten Eltern der ganzen Welt!", ruft Tenzin.

In den folgenden Tagen geht die Familie ganz normal ihrer Arbeit nach. Niemand soll Verdacht schöpfen. Aber abends, wenn der kleine Lobsang im Bett ist, sitzen sie zusammen und überlegen, was die Zwillinge für die Flucht brauchen könnten und worauf sie unbedingt achten müssen. Sie alle wissen: So eine Flucht kann man nächstes Jahr nicht noch einmal probieren, wenn man erwischt wird. Man hat nur einen Versuch!

Es geht los!

Die letzten Tage vor dem Ende der Ferien vergehen wie im Flug. Die Zwillinge merken gar nicht, wie schnell die Zeit vergeht. Nur wenn Tashi auf der Dorfstraße Lehrer Wang über den Weg läuft, muss sie an die bevorstehende Flucht denken. Wang sieht sie dann immer mit einem schiefen Grinsen an, doch Tashi denkt sich nur: Warte mal ab, wer zuletzt lacht …

Doch dann ist es endlich so weit, Tashi und Tenzin müssen aufbrechen. Überall haben sie erzählt, dass sie ins Kloster Ganden gehen, um zu beten und um ihren Freund Kelsang zu besuchen. Im Kloster wolle sich Tashi auch auf ihr schweres Schicksal im Umerziehungslager vorbereiten.

Die ganze Familie ist in sehr ernster Stimmung. Nur Lobsang nicht, der ist einfach sauer auf seine Geschwister. Jetzt muss er die Schafe und Ziegen der Familie allein hüten, dabei ist er der Kleinste! Wütend stampft er mit dem Fuß auf den Boden.

„Ich will mit! Kelsang ist auch mein Freund. Ich will nicht auf die blöden Viecher aufpassen."

Die Mutter nimmt ihren Jüngsten in die Arme und versucht, ihn zu trösten. Tashi und Tenzin streicheln ihren kleinen Bruder. Er wird ihnen fehlen. Die Zwillinge kämpfen mit den Tränen, denn sie haben keine

Ahnung, ob sie Lobsang, die Eltern, den Großvater und ihre Freunde je wieder sehen. Tashi kann sich nicht einmal von Li verabschieden, denn sie ist immer noch in Ferien. Aber sie hat einen Brief an die Freundin geschrieben. Die Mutter wird Li den Brief bringen, wenn sie zurück ist. Li wird Tashi verstehen.

Von alldem hat der Jüngste keine Ahnung. Als er Tashi und Tenzin weinen sieht, muss er sogar grinsen.

„Ich bin zwar traurig, dass ich nicht mit euch nach Ganden darf, aber so schlimm ist es auch wieder nicht. Ihr müsst nicht weinen", sagt er. „Außerdem seid ihr doch in ein paar Tagen wieder da. Wehe, ihr bringt mir nichts mit!"

Die Zwillinge müssen unter Tränen lächeln. Ihr kleiner Bruder versucht sie zu trösten! Das ist zu viel für Tashi. Sie nimmt Lobsang in die Arme und schluchzt heftig. Beruhigend tätschelt der kleine Junge ihr den Rücken.

„Das nächste Mal komme ich ganz bestimmt mit", sagt er mit leiser Stimme.

Tenzin, dem immer noch die Tränen über die Wangen laufen, boxt seinen kleinen Bruder leicht in die Seite. „Ja, nächstes Mal bist du dabei."

„Ich muss los", sagt Lobsang und winkt seinen Geschwistern zum Abschied zu. „Die Tiere müssen auf die Weide." Der kleine Lobsang wirkt plötzlich sehr erwachsen als er so davonzieht. Die Zwillinge halten sich an den Händen und winken zurück. Ob dies ein Abschied für immer war?

Die Mutter drängt sie alle ins Haus zurück. Sie sprechen ein kurzes Gebet und sitzen ein paar Minuten schweigend und in Gedanken versunken da. Dann steht die Mutter seufzend auf und öffnet die große Holztruhe, in der sie die Festtagskleider aufbewahrt. Sie zieht zwei einfache graue Filzhosen hervor. Die sind genau richtig, wenn es nass und kalt wird.

„Toll, damit frieren wir sicher nicht", meint Tashi gerührt. Schon wieder spürt sie die Tränen aufsteigen.

„Ich habe auch noch was für euch", sagt der Vater und überreicht jedem einen Daunenanorak. „Sind zwar nicht mehr neu, aber sie halten warm. Greift mal in die Taschen."

Tenzin holt ein zweites Paar Socken heraus.

„Die zieht ihr über die Hände, wenn es richtig kalt wird", erklärt der Vater.

Dann ertastet Tenzin drei Packungen Streichhölzer. Doch da ist noch mehr: Er fühlt Geldscheine. Er strahlt seine Eltern an.

„Woher habt ihr das denn?" Alle wissen, dass die Familie kaum Geld hat.

„Wir haben ein Schaf und eine Ziege verkauft", meint der Vater. „Das hätte dir doch auffallen müssen. Du bist doch der Schäfer. Mensch, Junge, Lobsang hat es sofort gemerkt!"

Tenzin bekommt einen roten Kopf. Es ist ihm peinlich, dass er nicht bemerkt hat, dass zwei Tiere fehlen. Aber er hatte die letzten Tage einfach zu viele andere Gedanken im Kopf.

„Jetzt bin ich dran", sagt der Großvater und schleppt zwei große Beutel Tsampa an. „Fürs Erste reicht das, aber bevor ihr in die Berge geht, müsst ihr unbedingt euren Proviant auffüllen. Und in den Bergen müsst ihr viel trinken, hört ihr, unbedingt viel trinken. Oder Schnee essen. Auch wenn es noch so kalt ist und ihr keinen Durst habt. Ihr braucht auf jeden Fall viel Flüssigkeit, sonst kippt ihr auf halbem Weg um."

Auch der Großvater gibt ihnen etwas Geld. Die Kinder können sich gut vorstellen, dass er sich die paar Yuan vom Mund abgespart haben muss.

„Vielleicht ist es genügend Geld, um die Männer zu bezahlen, die den Weg über die Berge kennen", sagt der Großvater, aber man sieht ihm an, dass er das selbst nicht so richtig glaubt. Leider weiß keiner, wie viel die Männer verlangen.

„Danke, danke", stammeln die Kinder immer wieder. Sie umarmen erst den Vater, dann den Großvater und zum Schluss die Mutter. Sie duftet herrlich nach Butter und Heu. Eben nach Zuhause. Tashi und Tenzin schießen erneut die Tränen in die Augen. Sie sind froh, dass der Großvater beginnt, ein letztes Gebet zum Abschied zu sprechen. Dann wird es ernst. Tenzin und Tashi ziehen ihre alten, eingerissenen Stoffhosen aus und die Filzhosen an, die fürchterlich kratzen. Doch das ist nicht so wichtig, Hauptsache, sie halten in den Bergen warm. Dann schnüren sie ihre Halbschuhe – nicht ganz das Richtige, um verschneite Bergpässe zu überwinden, aber es sind die einzigen Schuhe, die sie besitzen. Die Daunenanoraks ziehen sie noch nicht an. Dafür ist es hier im Tal zu warm. Sie binden sie um die Hüften. Die Zwillinge nehmen noch jeder eine Decke und einen Beutel Tsampa, dann sind sie bereit.

„Halt, ich hab noch etwas vergessen", meint der Vater und überreicht Tashi seine heiß geliebte Taschenlampe. „Ihr braucht sie dringender als ich", sagt er, als Tashi protestieren will. Sie weiß, wie sehr ihr Vater an der Leuchte hängt. „Ihr werdet sicherlich nachts unterwegs sein. Da ist so eine Lampe praktisch."

Noch einmal liegen sich alle in den Armen. Der Abschied fällt so unendlich schwer.

„Gebt uns ein Lebenszeichen, sobald ihr in Sicherheit seid", bittet die Mutter unter Tränen. „Sonst verzweifle ich und bereue es mein Leben lang, dass ich euch erlaubt habe, zu gehen. Schreibt einen Brief. Aber den dürft ihr auf keinen Fall mit der Post schicken. Der würde nie ankommen. Ihr müsst ihn einem Händler mitgeben oder den Männern, die die Leute über die Berge bringen."

„Versprochen", meinen Tashi und Tenzin wie aus einem Mund. „Wir schicken euch viele Briefe. Jeden Tag."

„Wo der Dalai-Lama ist, da ist Tibet", sagt der Großvater und lächelt seine Enkel aufmunternd an.

Tenzin nickt entschlossen. „Ja, wo der Dalai-Lama ist, ist Tibet, und da gehen wir jetzt hin."

Am liebsten würden die Erwachsenen die Kinder ein Stück begleiten. Doch das wäre zu auffällig. Die Chinesen könnten misstrauisch werden. Alle denken doch, dass Tenzin und Tashi nur für ein paar Tage ins Kloster Ganden gehen, um Kelsang zu besuchen. Darum bleiben die Eltern und Großvater vor der Hütte stehen und sehen den beiden nach. Tashi und Tenzin schauen sich alle paar Meter um und winken zurück. Es dauert eine Weile, bis sie die Flussbiegung erreichen. Dort macht der schmale Weg eine Kurve. Zwei Schritte weiter und man kann das kleine Dorf mit den niedrigen Häuschen, die Eltern und den Großvater nicht mehr sehen. Sie blicken ein letztes Mal zurück. Die drei stehen immer noch da und winken. Tashi und Tenzin müssen schlucken. Doch für sie gibt es kein Zurück mehr. Jetzt beginnt das Abenteuer ihres Lebens.

Besuch bei Kelsang

Anfangs geht es leicht bergab auf einem schmalen Pfad den kleinen Fluss entlang. Tashi und Tenzin reden nicht viel miteinander. Aber sie sind froh, dass sie so mühelos vorankommen und dass ihnen niemand begegnet, der ihnen neugierige Fragen stellt, wohin sie wollen. Sie wissen, dass noch viel schwierigere Abschnitte vor ihnen liegen.

Nach drei Stunden Marsch weitet sich das Tal. Sie gelangen auf eine breite Straße, die durch grüne Viehweiden führt – die Hauptstraße nach Ganden. Da ist ganz schön was los. Händler sitzen zwischen ihren Waren auf kleinen Wagen, die von Eseln gezogen werden. Frauen schleppen riesige Körbe voll mit Heu oder Brennholz auf dem Rücken. Wild hupende Lastwagen brausen an ihnen vorbei und hüllen alle in eine Staub- und Abgaswolke ein. Ein Motorrad knattert vorüber. Hupend überholt sie ein vollbesetzter Bus.

Tenzin schaut der Staubwolke, die der Bus hinter sich herzieht, sehnsüchtig nach. Er versucht, sich vorzustellen, wie schnell man mit so einem Bus vorankommen würde. Für das Busfahren gibt man in seiner Familie nie das wenige Geld aus, das sie verdienen. Sie gehen immer zu Fuß, auch wenn es Tage dauert. Für die Zwillinge bedeutet das, dass sie laufen müssen und dass sie für die Strecke nach Ganden zwei Tagesmärsche brauchen werden. Mit dem Bus wären sie in ein paar Stunden dort gewesen.

So bleibt ihnen nichts anderes übrig, als den ganzen Tag mit dem schweren Gepäck zu wandern und im Freien zu übernachten. Zum Glück sind die Nächte noch nicht zu kalt, sodass ihre Decken ausreichen.

Nachdem sie noch vor Sonnenaufgang aufgestanden sind, erreichen die Zwillinge am Vormittag des zweiten Tages das Kloster Ganden. Mit seinen zahlreichen, weiß gestrichenen Gebäuden sieht es aus wie eine kleine Stadt. So viele Häuser haben Tashi und Tenzin noch nie an einem Platz gesehen. Sie reichen den ganzen Hang hinab bis in die Bergmulde. Es sieht aus, als würden die Gebäude von den umstehenden Bergen beschützt. Schlecht beschützt allerdings, denn je näher die beiden kommen, umso besser können sie sehen, dass die meisten Gebäude zerstört und zerfallen sind.

„Die sind ja alle kaputt", meint Tashi enttäuscht, als sie die vielen Ruinen entdeckt. So hat sie sich das Kloster nicht vorgestellt. „Ich dachte, hier leuchtet alles golden in der Sonne."

Tenzin zuckt mit den Achseln. Er weiß von seinem Großvater, dass die Chinesen viele Klöster zerstört haben. Dass es so schlimm aussieht, hat er sich allerdings nicht vorstellen können. Aber jetzt freut er sich erst einmal, seinen Freund Kelsang wiederzusehen.

Kelsang staunt nicht schlecht, als er die Zwillinge vor sich sieht.

„Was macht ihr denn hier?", fragt er immer wieder und klatscht vor Begeisterung in die Hände. „Ich habe leider nicht viel Zeit, weil ich gleich zum Unterricht muss. Ich zeige euch schnell, wo ich schlafe. Da könnt ihr eure Sachen abstellen. Wir sehen uns dann beim Mittagessen."

Kelsang hat sich verändert. In der roten Kutte sieht er richtig erwachsen aus. Die kurz geschorenen Haare betonen seine abstehenden Ohren. Er hüpft nicht wie früher aufgeregt hin und her, sondern geht mit großen Schritten zu der kleinen Zelle.

„Macht es euch gemütlich oder schaut euch im Kloster um. Nachher müsst ihr mir alle Neuigkeiten von daheim erzählen."

Die Mönchszelle, in der Kelsang wohnt, ist kalt und düster. Nur wenig Helligkeit dringt durch das winzige Fenster. In der Zelle gibt es zwei Pritschen, auf der rechten schläft Kelsang. Das erkennt Tenzin sofort, denn so unordentlich das Bett zu machen, schafft nur er. Außer den Pritschen gibt es nur noch eine kleine Kommode, sonst nichts. Die Wände sind kahl. Der Wind pfeift durch die Tür- und Fensterritzen.

Tashi und Tenzin legen schnell ihre Habseligkeiten in eine Ecke und gehen wieder nach draußen. Der Himmel ist blau und klar. Er sieht aus wie frisch poliert. Der Wind weht kühl von den Bergen herab. Tashi fröstelt.

„Los, lass uns rennen", schlägt sie darum ihrem Bruder vor. Da sie flink ist wie ein Wiesel, kann Tenzin seiner Schwester nur mit Mühe folgen. Plötzlich stoppt der Junge.

„Was ist denn los? Kannst du nicht mehr?", ruft Tashi ihm besorgt zu.

Tenzin hat einen Ball entdeckt, der aus verknoteten Stoffresten besteht.

„Prima, jetzt können wir Fußball spielen", freut sich Tenzin und sucht ein geeignetes Tor.

Tashi legt die Stirn in Falten. „Das ist ein Kloster, ich weiß wirklich nicht, ob wir hier kicken dürfen", gibt sie zu bedenken.

Tenzin verzieht sein Gesicht nur zu einer Grimasse. Manchmal macht sich seine Schwester zu viele Gedanken. Trotzdem spielt sie wunderbar Fußball, und das ist für Tenzin im Moment das Wichtigste. Darum verspricht er auch, nicht wie sonst zu schreien und zu toben. Sie werden so leise spielen wie möglich. Sie knobeln: Tashi verliert und muss zuerst ins Tor.

„Darf ich mitspielen?"

Die Zwillinge drehen sich um. Sie waren so in ihr Spiel vertieft, dass sie nicht bemerken, dass ein junger Mönch sie beobachtet.

„Klar", sagt Tenzin nur.

„Dürfen Mönche Fußball spielen?", will Tashi skeptisch wissen.

„Warum denn nicht? Mönche dürfen nicht lügen, nicht heiraten und keine Tiere schlachten. Aber von Fußball steht nichts in den Klosterregeln. Natürlich darf ich Fußball spielen", antwortet der Mönch lachend, holt Anlauf, zieht durch. Tashi hat keine Chance den Stoffball zu halten. Sie spielen über eine Stunde.

Dann meint der Mönch: „Es ist gleich Zeit fürs Mittagessen. Kommt ihr mit?"

Die Zwillinge haben bis jetzt nur zum Frühstück ein bisschen Tsampa gegessen und lassen sich das nicht zweimal sagen. Sie schnappen sich den Stoffball und folgen dem Mönch schnell in den Speisesaal. Dort winkt ihnen Kelsang aufmunternd zu und deutet auf zwei Plätze auf der schmalen Holzbank neben sich.

„Ihr könnt mitessen und auch in der Zelle schlafen. Ich habe Ugen gefragt", meint Kelsang stolz.

„Ugen?"

„Das ist mein Lehrer. Er erklärt mir die schwierigen Texte. Ich kann ihn alles fragen. Ugen und ich teilen uns eine Zelle, weil Novizen, also junge Mönche wie ich, noch keine eigene Zelle haben."

„Welcher Mönch ist denn Ugen?", fragt Tashi und schaut sich neugierig um.

„Er sitzt dort drüben. Der mit der Brille, der uns jetzt zulächelt", beschreibt Kelsang.

Tashi winkt dem Mönch fröhlich zu. Sie findet den mageren, älteren Herrn mit dem kahlen Kopf und der dicken Hornbrille auf Anhieb sympathisch. Der Mönch lacht und winkt zurück.

„Jetzt erzählt mal, warum ihr nach Ganden gekommen seid? Eine Pilgerreise oder hattet ihr Sehnsucht nach mir?"

Die Zwillinge schauen sich an, seufzen und erzählen dann flüsternd vom Lehrer Wang, vom Umerziehungslager, von dem Entschluss zur Flucht, den heimlichen Vorbereitungen und vom Abschied von den Eltern, von Großvater und Lobsang.

„Gut, dass ihr zuerst hierher gekommen seid."

Überrascht drehen sich die drei um. Hinter ihnen steht Ugen. Die Kinder waren so in ihre Erzählung vertieft, dass sie nicht bemerkt haben, wie Ugen näher kam. „Ihr müsst lernen, vorsichtiger zu sein. Wenn ein chinesischer oder tibetischer Spitzel hört, dass ihr auf der Flucht seid, dann kommt ihr nicht weit. Leider gibt es sogar in den Klöstern Leute, denen man nicht trauen kann."

Die Zwillinge nicken ehrfürchtig. Tashi und Tenzin sind fasziniert von dem alten Mann mit der dicken Brille und der langen roten Kutte. Sie haben noch nicht so viele Mönche aus der Nähe gesehen. Alle Leute in Dubehi haben großen Respekt vor den Mönchen, denn sie sind klug und weise.

Der Großvater hat ihnen einmal erzählt, dass es früher in Tibet viele tausend Mönche gab. Allein hier im Kloster lebten 5300 Mönche. Ganden war früher nicht nur Kloster, sondern auch Stadt, Schule, Universität und Marktplatz. Doch als die chinesischen Soldaten nach Tibet kamen, haben sie die meisten Klöster zerstört und viele Mönche und Nonnen gefoltert und umgebracht. Heute wohnen nur noch dreihundert Mönche in Ganden. Einer davon ist Ugen.

Die vier gehen gemeinsam in den Klosterhof.

„Warum sind denn die meisten Häuser zerstört?", will Tashi wissen.

„Früher gab es hier mehr als zweihundert schöne Häuser, heute sind nur noch dreißig bewohnbar. Der Rest wurde zerstört und ist zu Ruinen zerfallen", erzählt Ugen leise.

„Die Chinesen?", will Tashi wissen.

Ugen nickt nur.

Tenzin spürt, wie ein unbändiger Zorn in ihm aufsteigt. „Warum haben die Chinesen das gemacht? Haben die Angst vor den Mönchen? Aber ihr tut doch keiner Fliege was zuleide, oder?", fragt er vorsichtig nach.

„Nein, bestimmt nicht. Wir sind gut Freund mit allen Lebewesen", antwortet Ugen und macht eine Pause, in der er sehr nachdenklich aussieht. „Tenzin, du hast gar nicht so Unrecht. Die Chinesen haben vielleicht wirklich Angst vor den Mönchen und den Klöstern. Wisst ihr, bevor die Soldaten mit ihren Gewehren kamen, waren unsere Klöster nicht nur zum Beten da, sie waren auch Schule und Universität, Zentren der tibetischen Kultur. Hier in den Klöstern sitzt das Wissen. Hier leben gebildete Menschen. Nicht vor uns Mönchen haben sie Angst, sondern vor unserem Wissen. Denn Wissen bedeutet Macht."

Die Tage im Kloster Ganden vergehen wie im Flug. Die Geschwister lernen immer mehr Mönche kennen. Sie fühlen sich wohl in der Gemeinschaft. An die Flucht denken sie immer seltener. Sie spielen Fußball und finden Zeit, gemeinsam zu beten. Jeden Abend überreden die Kinder Ugen von früher zu erzählen. Besonders Tenzin freut sich, dass er so viel über das Leben im Kloster erfährt. Es gefällt ihm tausendmal besser als Schafe und Ziegen zu hüten. Insgeheim beneidet er Kelsang, dass er in dieser wunderbaren Umgebung leben darf.

„Eure Flucht ist ein mutiger Entschluss", sagt der alte Mönch an einem der Abende. „Ich werde euch helfen, so gut ich kann. Zuerst müsst ihr nach Lhasa gehen. Aber in Lhasa wimmelt es nur so von Polizisten und Spitzeln. Darum solltet ihr euch eine gute Geschichte ausdenken, die ihr in Lhasa erzählen könnt, wenn euch jemand ausfragt. Ihr seht nun einmal nicht wie Touristen aus. Von Lhasa aus geht ihr am besten direkt ins Kloster Drepung. Das ist nur zehn Kilometer von der Stadt entfernt. Dort lebt mein Freund Norbu, bei dem könnt ihr übernachten. Der wird euch weiterhelfen und euch erklären, was ihr für die Flucht braucht und wie ihr den weiteren Weg findet."

„Wie weit ist es nach Lhasa?", will Tenzin wissen.

„Vierzig Minuten", meint Ugen.

„Was? Vierzig Minuten, das kann doch nicht sein."

„Doch. Mit dem Bus", antwortet Ugen grinsend.

Ach so, mit dem Bus. Der kommt für die Zwillinge natürlich nicht infrage, den können sie sich leider nicht leisten.

„Ich spendiere euch die Fahrt", sagt Ugen und lächelt die beiden an.

Tenzin kann es kaum glauben. „Wirklich? Das ist ja fabelhaft!"

„Danke", stammelt Tashi nur, die sonst nie um eine Antwort verlegen ist. Sie werden mit dem Bus fahren, zum ersten Mal in ihrem Leben. Dass die Flucht so einfach ist, das hätten sich die beiden nicht träumen lassen.

Als die Zwillinge sich zwei Tage später von Kelsang und Ugen verabschieden, hat der Mönch noch eine Überraschung parat.

„Ihr braucht unbedingt Taschen oder Rucksäcke", sagt er. „Durch eure dünnen Beutel kann jeder die Decken, den Daunenanorak und auch die Säcke mit Tsampa erkennen. Das ist zu auffällig. Außerdem werdet ihr in den Bergen eure Hände zum Klettern benötigen."

Tashi zuckt mit den Schultern. „Wir haben aber keine Rucksäcke."

„Doch, habt ihr", meint Ugen und holt einen alten, braunen Rucksack und eine dunkelblaue Reisetasche hervor. „Die sind für euch."

Erst die Busfahrkarten und nun auch noch die Taschen – Tenzin und Tashi sind überwältigt von Ugens Hilfsbereitschaft.

Sie umarmen zuerst den alten Mönch, dann Kelsang, packen schnell ihre Siebensachen und schon sind sie unterwegs zur Bushaltestelle.

„Schreibt uns, wenn ihr in Indien angekommen seid. Ihr wisst sicherlich, wie das mit dem Briefeverschicken funktioniert", flüstert ihnen Ugen zum Abschied noch ins Ohr.

Tashi nickt.

„Ich wünsche euch viel, viel Glück. Und ihr wisst ja: Wo der Dalai-Lama ist, da ist Tibet."

„Passt bloß gut auf", meint Kelsang mit tränenerstickter Stimme. „Ich werde jeden Tag für euch beten.

Was ihr vorhabt, ist gefährlich, aber immer noch besser als in kaltem Wasser zu knien oder ins Umerziehungslager zu gehen."

Tashi drückt Kelsang einen Kuss auf die Wange. Tenzin umarmt seinen Freund fest. Vielleicht werden sie sich nie wieder sehen.

Die erste Busfahrt

Die Zwillinge sind früh dran und können sich im Bus eine Bank aussuchen.

„Ich möchte am Fenster sitzen!", ruft Tashi.

„Ich auch", entgegnet Tenzin.

„Aber ich hab's zuerst gesagt", meint Tashi trotzig und presst entschlossen die Lippen aufeinander, sodass ihr Mund nur noch ein schmaler Schlitz ist.

„Aber ich bin kleiner. Du kannst doch über mich drüber sehen", erwidert Tenzin. Manchmal hat es auch Vorteile, wenn man kleiner ist als die Schwester.

„Hm", grunzt Tashi nur, was so viel wie „na gut" heißen soll.

Tenzin strahlt und quetscht sich ganz ans Fenster. Die Reisetasche nimmt er auf den Schoß. Tashi setzt sich neben ihn.

„Ich kann nicht über dich drüber sehen", sagt sie beleidigt. „Lass uns die Plätze tauschen."

„Nö." Tenzin schaut ungerührt aus dem Fenster und sucht Ugen und Kelsang in der Menschenmenge. Da drüben stehen die beiden und winken. Sie kommen ans geschlossene Fenster, lachen, rufen den Zwillingen etwas zu, was diese aber nicht verstehen, und winken noch einmal.

Im Bus wird es rappelvoll. Die Leute schleppen nicht

nur viele Taschen und Koffer mit, sie haben auch lebende Hühner in Kartons dabei, riesige Säcke mit Saatgut oder Tsampa oder beides. Alles wird in den Bus gequetscht. Auf der Bank, auf der Tashi und Tenzin sitzen, ist eigentlich Platz für drei Personen. Aber nun drängen sich vier Leute auf der Bank mit drei Taschen, zwei Kisten und einem großen Karton. Die Kinder werden immer weiter ans Fenster gedrängt. Tashi und Tenzin fühlen sich richtig eingequetscht.

Immerhin hat es einen Vorteil: Die Leute sind so mit sich und ihrem Gepäck beschäftigt, dass sie sich nicht um die Zwillinge kümmern und ihnen keine Fragen stellen. Niemand interessiert sich dafür, woher sie kommen und wohin sie unterwegs sind.

Endlich startet der Busfahrer den Motor. Tenzin schafft es, zu winken. Doch Tashis Hand ist zwischen ihrem Schenkel und einer Kiste eingeklemmt. Sie zerrt, aber die Hand bekommt sie nicht rechtzeitig frei. Zum Glück wird die Fahrt nicht allzu lange dauern.

Schon nach wenigen Metern vergessen die Kinder die Enge. Mit so einer Geschwindigkeit haben sie sich noch nie bewegt.

„So muss fliegen sein", flüstert Tashi ihrem Bruder zu.

Es ist herrlich, wie die Felder, die Bäume, die Felsen, die Pferde und die Menschen an ihnen vorbeiflitzen. Na ja, eigentlich ist es ja umgekehrt: Der Bus rast an allem vorbei, doch Tenzin hat das Gefühl, dass es genau andersrum ist. Er drückt die Nase an der Scheibe platt und kommt aus dem Staunen nicht mehr raus. Der Junge hat die Augen ganz weit aufgerissen, als ob er jedes Bild, jeden Eindruck in sich aufsaugen möchte. Wenn ich groß bin, werde ich Busfahrer, beschließt er, während das Fahrzeug über eine Brücke braust.

„Wie wär's, wenn wir in Lhasa aussteigen und uns ein bisschen umschauen und den nächsten Bus nehmen?", schlägt Tashi ihrem Bruder vor.

„Nein, Ugen hat doch gesagt, dass das zu gefährlich ist", gibt Tenzin flüsternd zurück. „Zu viele Polizisten und Spitzel."

„Erinnerst du dich noch, wie Großvater von Lhasa geschwärmt hat?"

Und ob sich Tenzin daran erinnert. Er weiß noch genau, wie der Großvater beim Festessen von der Stadt der Götter, vom Palast des Dalai-Lama, von den Tempeln und Heiligtümern erzählt hat. Genau wie der Großvater bekam Tenzin glühende Wangen, so aufregend und gleichzeitig wunderschön fand er die Erzählungen. Aber er erinnert sich auch an die Erzählung von Lhamo und daran wie er in Lhasa umgebracht wurde.

„Nein, wir steigen nicht aus", sagt Tenzin bestimmt. „Wir wissen auch nicht, wann der nächste Bus fährt."

„Feigling", zischt Tashi, doch als sie die Straßenzüge mit den hohen Häusern sieht, wird auch Tashi kleinlaut. Dass es so große Städte geben kann, hätte sie sich nie vorstellen können. Lehrer Wang hat zwar erzählt, dass es in China Städte gibt, die mehr als zehnmal so groß sind wie Lhasa, aber das kann sie jetzt nicht mehr glauben. Diese große Stadt macht ihr Angst. Alles ist so unüberschaubar. Auf einem Hügel kann sie den Palast des Dalai-Lama erkennen. Gleichzeitig sieht sie unglaublich viele Männer in Uniformen, wenn sie aus dem Busfenster schaut. Sie sagt kein Wort mehr von einer Stadtbesichtigung. Beide atmen hörbar aus, als die meisten Leute in Lhasa aussteigen. Endlich gibt es mehr Platz im Bus. Nur noch ein paar Kilometer bis zur Endstation. Schon von weitem können sie das Kloster Drepung sehen. Es thront über dem Tal und sieht noch beeindruckender aus als das Kloster Ganden. Ein Gebäude reiht sich ans nächste.

„Hoffentlich finden wir diesen Norbu", meint Tashi sehr skeptisch.

„Das werden wir. Wir haben nämlich einen Talisman aus dem Kloster Ganden dabei. Der bringt uns bestimmt Glück", meint der Junge voller Überzeugung und zerrt den roten Stoffball aus der Reisetasche.

„Du hast den Ball mitgenommen – das ist ja toll", sagt Tashi und freut sich, dass Tenzin so eine gute Idee hatte. „Ich glaube auch, dass der uns Glück bringt."

Wo ist Norbu?

Am Eingang des Klosters Drepung sprechen sie sofort einen älteren Mönch an: „Entschuldigung, wir suchen Norbu."

„Norbu? Welchen Norbu meint ihr denn? Es gibt hier wirklich viele Norbus", antwortet der Mönch und lächelt sie freundlich an.

„Keine Ahnung, welchen Norbu", entgegnet Tashi und kratzt sich an der Stirn. „Der Mönch Ugen aus Ganden schickt uns."

Auch der Mönch kratzt sich nachdenklich an der Stirn. „Ugen – nie gehört."

„Wie können wir denn unseren Norbu finden?", will Tenzin ungeduldig wissen.

Der Mönch kratzt sich immer noch an der Stirn und überlegt.

„Wisst ihr nicht, aus welcher Provinz dieser Norbu stammt? Oder den Namen seines Vaters? Was wollt ihr denn überhaupt von ihm?"

„Das … das … das können wir nicht sagen. Das ist vertraulich", stammelt Tenzin.

„Soso, vertraulich", wiederholt der Mönch und lacht. „Jetzt haben schon kleine Kinder vertrauliche Geschäfte mit den Mönchen aus unserem Kloster zu erledigen, das wird ja immer schöner! Na, kommt mit in unser Büro.

Wir werden mal sehen, ob wir dort rauskriegen, wer euer geheimnisvoller Norbu ist." Kichernd marschiert der Mönch voran.

Im Büro erzählt er einem Mönchsbruder von ihrem Problem. Der Mönch ist ungefähr so alt wie ihr Vater und ziemlich dick. Man sieht ihm an, dass er die ganze Zeit im Büro arbeitet, denkt sich Tenzin. Aber warum grinst er bloß so vor sich hin?

„Ich schätze mal, hier leben so an die fünfzehn Norbus. Wie sieht denn euer Norbu aus?"

Die Kinder zucken nur mit den Schultern. Tenzin ärgert sich, dass sie Ugen nicht danach gefragt haben.

„Na, dann müsst ihr schon verraten, was ihr von Norbu wollt. Nur so kommen wir der Sache näher. Wenn ich einfach nach Norbu rufen lasse, kommt eine ganze Fußballmannschaft angerannt, dann könnt ihr euch ja einen aussuchen", sagt er grinsend.

Tashi schluckt. Sie schaut zu Tenzin. Sollen sie den fremden Mönchen von ihrer Flucht erzählen? Können sie den Männern vertrauen? Was, wenn die mit den Chinesen zusammenarbeiten und sie verraten? Ugen hat ihnen ja eingeschärft, sogar im Kloster vorsichtig zu sein. Im günstigsten Fall würden sie sie nach Hause schicken. Wenn die Mönche aber die Soldaten holen, werden sie ins Gefängnis, in ein Arbeitslager oder in ein Heim gesteckt.

Die Mönche sehen den Kindern an, wie schwer ihnen die Entscheidung fällt. „Ich gebe euch mein Ehrenwort, dass ich euer Geheimnis nicht verraten werde. Mein Ehrenwort als Mönch", fügt der dicke Büromönch feierlich hinzu.

Tashi und Tenzin bleibt keine Wahl. Sie nicken sich fast unmerklich zu, und Tashi beginnt, zögernd von der Flucht zu berichten.

„Nun weiß ich immer noch nicht, welchen Norbu ihr sucht", meint der Mönch, der auf einmal ganz ernst geworden ist. „Aber jetzt weiß ich, wie ich euch weiterhelfen kann. Ich zeige euch eine Landkarte, auf der die gesamte Route bis Kathmandu in Nepal zu sehen ist. Selbstverständlich könnt ihr, so lange ihr wollt, bei mir in der Klosterzelle schlafen. Ich heiße übrigens Tsering."

Die Zwillinge strahlen Tsering an. Sie sind unendlich erleichtert.

„In zwei Stunden gehe ich mit euch in die Bibliothek, um die Landkarten zu studieren. Und bis dahin erzählt niemandem auch nur ein einziges Wort von dieser Geschichte."

„Das ist euer Weg nach Kathmandu. Es ist eine lange Reise. Außerdem solltet ihr anfangs nachts reisen, damit ihr weniger Menschen begegnet", erklärt der Mönch Tsering etwas später in der Bibliothek. „Den Weg müsst ihr euch ganz genau einprägen. Jede Stadt, jedes Dorf. Nur so könnt ihr wissen, ob ihr bereits in Nepal seid. Das ist wichtig, wegen der Kontrollposten – und natürlich wegen der Sprache. Sprecht ihr Nepalesisch?"

„Kein Wort."

„Dann müsst ihr ein paar Sätze lernen. Wenn man

euch fragt, müsst ihr sagen können, warum ihr unterwegs seid und wohin ihr geht. Wenn ihr Glück habt, bemerken die Soldaten dann gar nicht, dass ihr Tibeter seid."

Tenzin schluckt. Das hört sich kompliziert und gefährlich an. Hoffentlich stoßen sie während der Reise nicht auf so einen Kontrollposten.

„Ich kann nicht viel Nepalesisch, aber was ich weiß, bringe ich euch gerne bei", meint Tsering.

Nach einer halben Stunde können die Zwillinge auf Nepalesisch sagen: „Wir sind Nomadenkinder. Unsere Eltern haben uns vorgeschickt, um neue Weideplätze zu suchen. Wisst ihr vielleicht, wo wir eine gute Weide finden können?"

„Wunderbar", freut sich Tsering. „Die Geschichte müsste reichen. Die Nepalesen werden froh sein, wenn ihr weiterzieht. Sie wollen sicherlich nicht ihre Weideplätze mit euch teilen."

Den restlichen Abend verbringen die Zwillinge damit, sich die Strecke genau einzuprägen. Sie müssen die Route auswendig lernen, denn das Aufschreiben wäre zu gefährlich. Es ist gar nicht so einfach, Namen von Orten zu behalten, von denen man noch nie etwas gehört hat, aber den Zettel, auf dem Tsering die Route aufgeschrieben hat, dürfen sie auf keinen Fall mitnehmen. Würde er in falsche Hände geraten, wären sie verloren. Und sie wiederholen ständig ihre frisch gelernten Sätze auf Nepalesisch.

„Weißt du, wie viel Geld die Männer verlangen, die Flüchtlingen über die Berge helfen?", fragt Tashi unvermittelt, als sie mit ihrem neuen Freund im Speisesaal sitzen und zur Abwechslung mal keinen Tsampabrei, sondern Reis und Gemüse essen. Dazu leeren sie drei Kannen Buttertee, der mit viel Salz gewürzt ist und ein bisschen ranzig schmeckt.

„Du meinst die Schlepper? Nein, keine Ahnung, aber das werdet ihr in Shigatse erfahren. Von dort starten die Schlepper. In Shigatse müsst ihr allerdings unheimlich vorsichtig sein, damit ihr nicht an einen Spitzel geratet, der sich als Schlepper ausgibt."

So weit möchte Tenzin lieber nicht denken. Ihn interessiert etwas ganz anderes. „Warum habt ihr hier im Kloster so viele Fotos vom Dalai-Lama? Ich dachte, es ist verboten, Bilder vom Dalai-Lama zu besitzen."

„Ja, es ist verboten", antwortet der Mönch. „Aber wir halten uns nicht an das Verbot. Der Dalai-Lama hat früher hier gelebt. Deswegen gibt es so viele Bilder. Und bis jetzt haben uns die Soldaten in Ruhe gelassen."

Der Dalai-Lama hat hier gewohnt! Tenzin ist ganz aus dem Häuschen. Das ist sicher ein gutes Vorzeichen. Dann wird die Flucht bestimmt klappen.

Bevor Tashi einschläft, wiederholt sie noch einmal Station für Station den Weg nach Kathmandu. Und dann wandern ihre Gedanken wie jeden Abend nach Hause zum Großvater, zu den Eltern, zu Lobsang und zu Li.

Wie es ihrer Familie wohl geht? Hoffentlich bekommt sie keine Schwierigkeiten, wenn die Chinesen entdecken, dass ihre Kinder nicht mehr da sind. Jetzt ist es bestimmt noch ungefährlich, weil alle denken, sie seien auf Besuch im Kloster Ganden. Doch was wird mit den Eltern passieren, wenn die Wahrheit ans Licht kommt? Ob ihr kleiner Bruder Lobsang bereits weiß, dass sie nicht mehr zurückkommen werden? Auf einmal überfällt Tashi schreckliches Heimweh. Sie kann die Tränen nicht unterdrücken. Sie würde so gerne von ihrer Mutter in die Arme genommen werden, ein tibetisches Lied hören und sich mit der Mutter sanft hin und her wiegen. So gerne würde sie Lobsangs freches Grinsen sehen, Großvater an den paar Barthaaren kitzeln, auf Vaters Schoß sitzen und sich zärtlich an sein raues Hemd schmiegen.

Zu gerne wüsste sie, ob Li ihren Abschiedsbrief schon gelesen hat und was die Freundin zu ihren Plänen sagt. Immer heftiger steigen in ihr die Tränen hoch. Doch sie möchte nicht weinen. Tashi versucht, an den brutalen Lehrer Wang zu denken und an das Umerziehungslager. Sie wird wütend. Ohne den gemeinen Lehrer Wang würde sie jetzt nicht hier im Kloster mit dem Heimweh kämpfen.

„Was ist das?" Tashi sitzt plötzlich kerzengerade auf der Pritsche. Was ist das für ein Geräusch? Hört sich an wie hunderte von winzigen Füßen.

„Oh nein", ruft sie. „Das sind Ratten!"

Sofort sind auch die anderen beiden hellwach.

„Die Viecher fressen unser Tsampa", schreit Tashi

und zieht die Knie unters Kinn. Sie hat höllische Angst davor, von einer Ratte gebissen zu werden.

Mit Mühe kann Tenzin die Tiere vertreiben. Tsering zündet eine Kerze an – elektrisches Licht gibt es in der kleinen Zelle nicht und Tenzin will unbedingt die kostbare Batterie in Vaters Taschenlampe schonen.

Gemeinsam begutachten sie den Schaden. Die Ratten haben ein großes Loch in Tashis Sack genagt und mindestens drei Tagesrationen weggefressen.

Eigentlich wollten die Kinder noch zwei, drei Tage in Drepung verbringen. Doch wegen der gefräßigen Zimmergenossen fühlen sie sich nicht mehr wohl. Darum verabschieden sie sich am nächsten Nachmittag vom Mönch Tsering.

„Ich habe noch etwas für euch", meint er und kramt ein kleines Bild, nicht größer als ein Passfoto, aus seiner Kutte hervor. Das Foto zeigt den Dalai-Lama. „Er wird euch Glück bringen, aber seid vorsichtig und lasst es niemanden sehen."

Bevor Tashi protestieren kann, nimmt Tenzin das Foto an sich. Voller Freude steckt er es tief in seine Anoraktasche. So einen tollen Talisman hatte er noch nie. Er weiß, der Dalai-Lama wird ihnen Glück bringen. Ganz bestimmt.

Ein Kontrollposten

Die Zwillinge beginnen ihre Reise am späten Nachmittag, um hauptsächlich nachts zu marschieren. Das ist sicherer. Es gibt zwar einen Bus nach Shigatse, doch sie wollen ihr Geld sparen. Sie müssen ja noch einen Schlepper bezahlen, der sie übers Gebirge bringt.

Nehmt den langen Weg über die Berge – das hat der Mönch Tsering ihnen noch eingeschärft. Das bedeutet einen Umweg von fast hundert Kilometern. Über zwei Wochen werden sie unterwgs sein. Der kürzere Weg ist viel einfacher. Er führt im Tal des Flusses Tsangpo auf einer gut ausgebauten Straße nach Shigatse. Doch selbst dieser kürzere Weg ist noch zweihundertfünfzig Kilometer lang.

„Ich möchte nicht den langen Weg gehen", meint Tashi. Sie ist schon den ganzen Tag schlecht gelaunt. Zum ersten Mal hat sie richtig Angst. Bisher waren die Strecken überschaubar, und sie wusste, wo sie im nächsten Ort nach einem Nachtlager fragen konnten. Ab jetzt erwartet sie nur noch Unbekanntes. Die Zwillinge wissen nur, dass sie in Shigatse mehr über die Schlepper erfahren werden.

„Aber der Weg über die Berge ist sicherer. Es gibt weniger Soldaten und Kontrollposten. Wir haben doch Zeit", gibt Tenzin zu bedenken.

„Wir müssen so schrecklich weit marschieren", entgegnet Tashi, die sich die Strecke auf der Landkarte genau eingeprägt hat. „Ich wäre heilfroh, wenn wir hundert Kilometer weniger unterwegs wären."

Tenzin ist nicht einverstanden, doch dann kommt Tashi mit einem Argument, das auch ihm einleuchtet: „Hundert Kilometer mehr und viele Tage länger unterwegs sein bedeutet, dass es schon Winter sein kann, bis wir zu den wirklich hohen Bergen kommen." Mehr muss sie nicht sagen.

„Du hast Recht", lenkt Tenzin ein. „Wir nehmen den kürzeren Weg. Aber wir müssen sehr vorsichtig sein."

Mittlerweile dämmert es. Tashi nimmt ihren Rucksack auf den Rücken. Tenzin schlüpft in die Trageriemen der blauen Reisetasche, sodass er sie auch wie einen Rucksack tragen kann. Die Kinder wandern auf der asphaltierten Straße. Jedes Mal, wenn die Scheinwerfer eines Fahrzeugs aufleuchten, springen die beiden in den Straßengraben. Da viel Verkehr ist, müssen sie ständig ausweichen. Trotzdem kommen sie gut voran. Mond und Sterne leuchten ihnen.

Tenzin denkt an das Foto in seiner Tasche. Er fühlt sich frei und ohne Angst. Tashi dagegen schaut sich unentwegt um.

„Was ist los, Tashi?"

„Ich hab Angst, dass uns jemand entdeckt."

Tenzin verdreht die Augen, was seine Schwester in der Dunkelheit natürlich nicht sehen kann. Es ist Nacht, wie soll sie da jemand entdecken?

Schon wieder kommt ein Lastwagen angebrummt, gerade noch rechtzeitig springen die beiden in den Straßengraben. Das war knapp.

„Autsch", entfährt es Tenzin. Er hat sich an einem Dornbusch die Haut am Arm aufgerissen.

Ein paar hundert Meter weiter stoppt der Laster. Erst jetzt bemerken die Zwillinge eine winzige Lampe. Da vorne muss eine Kontrollstation sein. Es gibt Kontrollposten, die irgendwo aufgestellt und nach ein paar Wochen wieder abgebaut werden. Man weiß nie, wo es so einen Kontrollpunkt gibt.

War Tashis komisches Gefühl also tatsächlich richtig!, denkt Tenzin.

„Was sollen wir tun?", flüstert das Mädchen kaum hörbar.

Links von der Straße ragen steile Berge auf, rechts fließt der Tsangpo.

Tenzin überlegt kurz und raunt seiner Schwester ins Ohr: „Wir gehen runter zum Fluss und versuchen, den Posten in einem großen Bogen zu umgehen. Wir müssen ganz leise sein, Tashi."

Die Kinder flitzen über die Straße und rutschen die Böschung hinunter. Am liebsten hätte Tenzin natürlich Vaters Taschenlampe angeknipst. Vielleicht gab es ja einen Trampelpfad. Aber das wäre zu gefährlich! Der Schein der Lampe könnte sie verraten.

Sie hören das sanfte Rauschen des Flusses. Zum Glück übertönt es fast jedes andere Geräusch, denn Tashi stolpert über ein paar große Kieselsteine, fällt der Länge nach hin und schlägt sich das Knie auf.

„Aua!", ruft sie vor Schmerzen. Die beiden halten die Luft an. Haben die Soldaten etwas gehört? Sie lauschen gebannt in die Nacht. Außer dem Rauschen des Tsangpos ist nur der Lastwagen zu hören. Die beiden atmen auf. Der Fahrer hat genau zum richtigen Zeitpunkt den Motor gestartet. Tashis Schrei ist im Aufheulen des Motors untergegangen.

Endlich entdecken sie einen schmalen Trampelpfad. Es ist kalt dort unten am Fluss, viel kälter als oben auf der Straße. Tashi fröstelt. Doch sie will ihren Daunenanorak jetzt nicht aus dem Rucksack holen. Nur keine Pause einlegen! Nur den Kontrollposten unbemerkt passieren. Nur noch fünfzig Meter bis zu der kleinen Baracke, in der die Soldaten sitzen.

Die Kinder können im Schein der Glühbirne erkennen, dass die Soldaten Karten spielen. Immerhin sind sie abgelenkt. Doch was ist das? Wie vom Blitz getroffen bleiben sie stehen. Ein Hund knurrt, bellt und zerrt an seiner Kette. Daran haben sie gar nicht gedacht. In der Schule hatte Lehrer Wang immer nur blöde Witze über die Liebe der Tibeter zu Hunden gemacht. Sie wären nie darauf gekommen, dass Chinesen selbst Hunde haben könnten. Hat er sie gewittert? Das Bellen des Köters klingt gefährlich. Die Kinder vergessen vor Angst beinahe zu atmen.

„Was ist denn jetzt schon wieder los?", hören sie einen der Soldaten rufen.

„Ach, der Köter hat wahrscheinlich nur wieder einen Hasen gewittert und spielt verrückt. So wie vorhin. Sei still!"

Doch der Hund hört nicht auf zu bellen.

„Sollen wir ihn loslassen? Vielleicht ist es doch kein Hase, vielleicht treibt sich wieder irgendwelches Gesindel rum."

„Und wenn nicht? Dann stromert der Köter durch die Nacht. Wenn der einmal frei herumläuft, folgt er kaum noch und wir müssen ihn ewig suchen. Darauf hab ich keine Lust", entgegnet sein Kollege mürrisch. „Du willst doch bloß so einen Aufstand machen, weil du so schlechte Karten auf der Hand hast."

„Dann lass uns wenigstens den Scheinwerfer anmachen."

Ein paar Sekunden später ist es am Kontrollposten

taghell. Der schwenkbare Scheinwerfer leuchtet die Gegend aus. Zuerst fällt das grelle Licht auf die Straße, dann klettert es die Berge hoch und zum Schluss leuchten die Soldaten zum Fluss.

Tashi und Tenzin gleiten lautlos zu Boden und verstecken sich hinter einem Busch nahe am Ufer.

Wenn die Soldaten uns jetzt entdecken, ist alles aus! Tashi kann an nichts anderes denken.

Tenzin, der sich vor dem Hund fürchtet, malt sich bereits aus, wie die schreckliche Bestie auf sie losgeht und sie zerfleischt. Die Kieselsteine drücken ihm in die Brust und eine kleine Welle schwappt dem Jungen in die Schuhe, doch er rührt sich nicht von der Stelle. Unentwegt gleitet das Licht des Scheinwerfers am Ufer entlang.

Nach einer Ewigkeit brummt der eine Soldat: „Siehst du, alles ruhig. Es war doch nur ein Hase."

Damit gibt sich auch sein Kollege zufrieden. Die Männer gehen zurück in ihre Baracke und widmen sich erneut dem Kartenspiel. Vom Kläffen des Hundes nehmen sie keine Notiz mehr.

Tashi und Tenzin liegen mindestens noch zehn Minuten regungslos auf dem Boden. Sie können nicht aufstehen, denn beide zittern so, als hätten sie gerade im eiskalten Tsangpo ein Bad genommen.

Ein gutes Versteck

Endlich rappeln sich die Kinder auf. Sie müssen weiter, obwohl ihnen der Schreck in den Knochen sitzt. Ein ganzes Stück hinter dem Kontrollposten beschließen sie, wieder auf der Straße zu marschieren. Es sind kaum noch Fahrzeuge unterwegs, sodass die Zwillinge ungestört vorankommen. Trotzdem liegt plötzlich eine ungeheure Spannung in der Luft. Erst jetzt haben Tenzin und Tashi wirklich kapiert, wie gefährlich diese Flucht ist. Lebensgefährlich.

Den Rest der Nacht haben sie Glück: keine Hunde, keine Kontrollposten. Als es dämmert, suchen die beiden einen Unterschlupf. Rechts der Straße fließt noch immer der Tsangpo. Auf der anderen Seite der Straße liegt hügeliges und felsiges Gelände.

„Schau mal, hier scheint eine Höhle zu sein." Tashi zeigt nach oben. Ein paar Meter über ihnen ist ein kleines Loch in einem Felsen zu erkennen. Es könnte für die Kinder groß genug sein.

„Wir müssen es versuchen", meint Tenzin. Er steigt voran. Tenzin ist ein hervorragender Kletterer. Problemlos kraxelt er nach oben und lugt in die Höhle. „Ideal", ruft er seiner Schwester zu. „Platz genug für uns beide und keine Tiere drin." Tashi schnallt ihren Rucksack enger und beginnt mit dem Aufstieg. Doch Tashi kann sich einfach nicht so gut hochziehen wie der kräftige Tenzin.

„Ich schaff's nicht", keucht sie angestrengt nach einigen Versuchen.

„Du musst", erwidert Tenzin; er klettert seiner Schwester entgegen und nimmt ihr den Rucksack ab. Endlich, nach weiteren fünf Anläufen und mit kräftiger Unterstützung ihres Bruders, hievt sich auch Tashi auf die Felsplatte vor der Höhle. Sie schauen sich um. Eine kleine Feuerstelle ist zu sehen. Sie sind also nicht die ersten Gäste, die in der Höhle Schutz suchen. Todmüde kauen sie noch eine Handvoll Tsampa – einfach so, trocken, ohne Wasser. Es schmeckt nach nichts, aber das Getreide beruhigt die knurrenden Mägen. Die Zwillinge rollen sich erschöpft in ihre Decken ein und sind sofort eingeschlafen.

Tashi erwacht erst, als die Sonnenstrahlen schräg in die Höhle scheinen. Die Sonne steht schon tief am Himmel. Neben ihr lodert ein kleines Lagerfeuer. Tenzin hat vom Tsangpo Wasser heraufgeholt und kocht gerade einen warmen Tsampabrei.

„Na, ausgeschlafen?", murmelt er.

Tashi nickt. Sie reibt sich die Augen, versucht, ihren wirren Zopf zu bändigen und schaut sich ihr Knie an. Gestern ist ihr gar nicht aufgefallen, dass es geblutet hat. Jetzt sind Knie und Filzhose richtig miteinander verklebt. Bei jeder Bewegung tut es weh und das Knie pocht ständig.

„Alles klar?", fragt Tenzin.

Tashi nickt erneut. Sie will ihren Bruder lieber nicht beunruhigen. Sie verschweigt, dass ihr Knie fürchterlich schmerzt.

Die Zwillinge ruhen sich noch bis kurz nach Einbruch der Dunkelheit aus, dann klettern sie aus der Höhle. In der Dämmerung können die Kinder gerade noch erkennen, dass unter ihnen das weite Tsangpo-Tal liegt. Der breite Fluss fließt gemächlich dahin. Auf der anderen Uferseite sind zwanzig Meter hohe Sanddünen zu erkennen.

Ein schmerzendes Knie

Am nächsten Tag läuft zunächst alles gut. Tashi beißt die Zähne zusammen und versucht, nicht an ihr pochendes Knie zu denken. Doch je mehr sie den Schmerz verdrängen will, umso deutlicher meldet sich das Knie. Es pocht und sticht. Manchmal unterdrückt das Mädchen ein Stöhnen. Sie möchte tapfer sein, auf keinen Fall will sie, dass Tenzin sie für eine Heulsuse hält. Schließlich war die Flucht ihre Idee. Besonders schmerzhaft ist es beim Pinkeln, wenn sie die Hose runterziehen muss. Ganz behutsam versucht sie die Filzhose über das Knie zu streifen, doch es gelingt ihr nie, ohne an der Wunde zu scheuern. Wenn Tashi in die Hocke geht, hat sie das Gefühl, dass die Wunde wieder aufreißt, und sie könnte vor Schmerzen aufheulen.

Da die Geschwister gut vorankommen, auf keine Kontrollposten und keine Hunde treffen, möchte sie Tenzin nichts von ihren Schmerzen verraten. Das geht bis zum nächsten Schlafplatz ganz gut. Als sich frühmorgens der Nebel über das Tsangpo-Tal legt, kriechen die Geschwister auf allen vieren in eine geräumige Erdhöhle, die sie am Ufer entdeckt haben. Das Kriechen schafft Tashi nicht, ohne zu stöhnen. Ihr Knie brennt wie Feuer.

„Was ist los?", fragt Tenzin, der hinter ihr robbt.

„Ich kann nicht mehr … mein Knie."

An Tashis leiser, weinerlicher Stimme hört Tenzin sofort, dass seine Schwester scheußliche Schmerzen haben muss. Bis jetzt war ihm wirklich überhaupt nichts davon aufgefallen.

„Noch ein paar Meter, Tashi", sagt er besorgt. „Gleich kannst du dich ausruhen. Ich sehe mir dein Knie an."

Irgendwie schafft es Tashi dann doch zu ihrem Nachtlager. Sie beißt die Zähne zusammen, allerdings rinnen ihr vor Schmerz Tränen übers Gesicht.

„Das sieht ja übel aus", entfährt es Tenzin, als er behutsam versucht, die Filzhose vom Knie zu lösen. „Das ist ja richtig zusammengebacken!" Er ahnt, dass sich seine Schwester schon längere Zeit damit quält. „Ich versuche, die Wunde zu säubern", sagt er nur ruhig, aber er muss sich zusammenreißen, damit ihm nicht schlecht wird.

Bevor es taghell wird, läuft Tenzin zum Tsangpo und füllt die Essensschalen mit Wasser. Dann macht er sich an Tashis wundem Knie zu schaffen. Obwohl seine Schwester heftige Schmerzen hat, ist von ihr nur ab und zu ein Stöhnen zu hören. Sie beißt sich auf die Lippen, bis sie blutig sind.

Tenzin versucht mit dem Wasser die Filzhose vom Knie abzubekommen. Dabei platzt die Wunde wieder auf und blutet. Tränen laufen dem Mädchen die Wangen hinunter.

„Es muss leider sein, aber es ist gleich vorbei", redet Tenzin leise auf seine Schwester ein. Immer wieder streichelt er über ihre Wangen. Tenzins Blick fällt auf ein flaches Holzstück, das er sofort seiner Schwester reicht. Sie versteht und steckt sich das Holz zwischen die Zähne. Nun muss sie sich wenigstens vor Schmerz nicht mehr die Lippen blutig beißen. Es dauert eine Ewigkeit, bis Tenzin das Knie befreit hat. Nun muss es gesäubert werden. Tenzin zupft so vorsichtig wie möglich die einzelnen Filzfusseln aus der Wunde.

„Kannst du dein Bein bewegen?", fragt Tenzin besorgt, als er fertig ist.

Tashi drückt die Augen fest zu und beugt ihr Knie. Es tut entsetzlich weh, aber sie schafft es.

„Wir bleiben hier, bis du wieder gehen kannst", bestimmt Tenzin. „In dem Zustand kommen wir mit dir sowieso nicht vom Fleck."

Tashi ist viel zu kaputt, um zu widersprechen.

Die beiden verbringen auch die nächste Nacht in der Erdhöhle. In der Dämmerung macht sich Tenzin auf die Suche nach etwas Essbarem. Der Tsampabrei, den es täglich gibt, kommt ihnen fast zu den Ohren raus. Zu Hause gab es zwar auch fast jeden Tag Tsampa, aber nicht morgens, mittags und abends und nur mit Wasser angerührt. Vielleicht gibt es ja ein paar Felder in der Nähe, die nicht vollständig abgeerntet sind. Ein paar Karotten oder Zwiebeln würden etwas Abwechslung auf ihren Speisezettel bringen.

„Sei bloß vorsichtig", mahnt Tashi den Bruder.

„Klar doch." Tenzin steckt die Taschenlampe ein und schon ist er verschwunden.

Merkwürdig, denkt Tashi. Anfangs hat sie ihren Bruder fast überreden müssen, dass er mit ihr flieht. Jetzt ist es sie, die manchmal am liebsten umkehren würde. Tenzin scheint dagegen keine Minute an der Entscheidung zur Flucht zu zweifeln. Das beruhigt sie, das gibt auch ihr ein wenig Kraft.

Nach einer Stunde kommt Tenzin mit einem kleinen Bündel unter dem Arm zurück. Er hat Feuerholz gefunden, das ist schon mal nicht schlecht. Noch besser ist es, als er Tashi vier Zwiebeln entgegenstreckt. Dann kramt er in seiner Anoraktasche und holt ein Stück Butter hervor.

„Wo hast du das denn her?", fragt Tashi völlig überrascht.

„Gefunden", antwortet Tenzin nur und fängt an, in der Erdhöhle ein kleines Lagerfeuer anzuzünden. Das gibt zwar schlechte Luft, aber draußen Feuer zu machen will er lieber nicht riskieren. Tashi ist natürlich klar, dass man die kostbare Butter nicht einfach findet. Sie kann sich lebhaft vorstellen, was Tenzin mit „gefunden" meint. Sie erinnert sich an den kleinen Weiler, an dem sie vorbeigekommen sind. Hoffentlich hat es keine allzu armen Leute getroffen. Aber sie ist zu ausgehungert, um sich lange um ihr schlechtes Gewissen zu kümmern. Schließlich gibt es ein wahres Festmahl! Warmer Tsampabrei, verfeinert mit Zwiebeln, auf dem ein Stück Butter tanzt, was dem Ganzen einen leicht säuerlichen Geschmack verleiht. Die Zwillinge essen, bis sie pappsatt sind. Dazu gibt es heißes Wasser zu trinken.

„War das lecker!" Tashi reibt sich genießerisch den Bauch.

„Wie geht es deinem Knie?", will Tenzin wissen und schleckt die letzten Reste aus seiner Essschüssel.

„Ganz gut. Morgen können wir weiter."

Tenzin schaut sich die Wunde an. „Ist gut getrocknet. Aber die Kruste darf nicht zu fest werden, sonst platzt sie beim Gehen gleich wieder auf und blutet."

Tenzin nimmt ein kleines Stück Butter aus ihrer Notration und reibt damit Tashis Knie ein.

„Meinst du, das hilft?", fragt sie skeptisch.

„Ich glaube schon", sagt Tenzin. „Hast du eine bessere Idee?"

Nach einer Weile stellt Tashi ihrem Bruder eine Frage, die ihr schon die ganze Zeit durch den Kopf geht: „Tenzin, hast du eigentlich kein Heimweh?"

„Doch. Ich vermisse unsere Familie sehr. Ich denke oft an sie. Aber ich möchte in Freiheit leben. Ich will nicht mein ganzes Leben als Schäfer verbringen und von so Leuten wie Lehrer Wang schikaniert werden. Alle haben gesagt, dass wir für unser Land mehr tun können, wenn wir gehen. Keiner hat uns zurückgehalten, alle setzen ihre Hoffnung in uns. Ich möchte sie nicht enttäuschen. Und ich möchte den Dalai-Lama treffen."

Der Junge hat das Foto vom Dalai-Lama vorgekramt und streicht zärtlich mit den Fingerspitzen darüber. Tenzins Worte geben seiner Schwester neue Energie. Natürlich wollte auch sie Dubehi verlassen, um nicht in dieses Umerziehungslager zu müssen und um nicht noch mehr Ungerechtigkeiten der Chinesen zu erleiden. Auch sie möchte den Dalai-Lama sehen. Doch in diesem Moment erkennt das Mädchen, dass bei ihrem Bruder noch etwas anderes eine Rolle spielt. Tenzin ist ein ganzes Stück ernster geworden, seit sie in den Klöstern gewesen sind. Und das Bild des Dalai-Lama, das er mit sich führt, scheint ihm Kraft und Ausdauer verliehen zu haben, wie er sie vorher nie hatte.

Der Aufbruch war eigentlich für den nächsten Abend geplant gewesen, aber schon am Nachmittag schüttet es wie aus Kübeln.

„Sollen wir trotzdem weiter?", fragt Tenzin.
„Ja, wir haben schon ziemlich viel Zeit verloren. Außerdem ist unser Unterschlupf nicht besonders wasser-

dicht." Tenzin wirft einen Blick durch die Erdhöhle. Es stimmt, langsam wird der Boden feucht und an manchen Stellen sogar schon ein bisschen schlammig. Tashi ist fest entschlossen aufzubrechen. Ihr Knie ist prima getrocknet, die Kruste ist tatsächlich elastisch. Die Butter hat Wunder gewirkt. Damit die harte Filzhose nicht an der Wunde scheuert, bindet sich das Mädchen noch ihren Schal ums Knie. Dann ist sie bereit. Sie gehen in die regennasse Nacht hinaus.

Trotz des Regens kommen die Zwillinge gut voran. Keine Straßensperren und keine Hunde. Um Ortschaften machen die beiden nach wie vor einen großen Bogen. Das ist einfach, denn die Dörfer sind klein, im Tal gibt es fast keine Bäume, die die Sicht verstellen, und im hellen Mondlicht kann man jede Ansiedlung schon von weitem erkennen. Nur auf den Feldern schauen die Kinder, ob bei der Ernte noch etwas vergessen wurde. Doch Dörfer und Felder werden immer seltener.

Wegelagerer in Uniform

Tashi und Tenzin haben sich allmählich an ihre Nachtwanderungen gewöhnt. Sie haben auch keine Angst mehr vor der Dunkelheit; das macht sie unvorsichtiger und leichtsinniger. Nachdem sie sich zuvor nächtelang nur flüsternd unterhalten haben, plaudern und lachen sie inzwischen in ganz normaler Lautstärke miteinander. Sie achten nun auch nicht mehr unentwegt auf verdächtige Geräusche oder Licht, das Kontrollposten verraten würde.

Ein großer Fehler!

In der zehnten Nacht ihrer Wanderung, nur noch zwei Nachtetappen von Shigatse entfernt, sind Tenzin und Tashi ganz in ihre Unterhaltung vertieft. Plötzlich brüllt aus der Dunkelheit eine tiefe Männerstimme auf Chinesisch: „Halt, stehen bleiben! Was macht ihr hier?"

Die Zwillinge schrecken zusammen. Sie haben den Kontrollposten überhaupt nicht bemerkt! Jetzt ist der kleine Unterstand, in dem ein einsamer Soldat in grüner Uniform Posten steht, nicht mehr zu übersehen. Aber zu spät, sie stehen schon direkt davor.

„Wir … wir … wir sind unterwegs", stammelt Tashi auf Chinesisch.

„Unterwegs, das seh ich auch", blafft der Soldat sie an. „Aber wohin?"

„Wir, wir wollen unsere Tante in Shigatse besuchen", stammelt Tashi weiter. Die Ausrede haben sich die beiden vor ein paar Tagen ausgedacht.

„Soso ... Und ihr seid so begierig, eure Tante zu sehen, dass ihr sogar nachts marschiert? Das muss ja die tollste Tante der Welt sein. Wo wohnt sie denn, eure einzigartige Tante?", bohrt der Soldat listig nach.

„Das, ähm, das wissen wir nicht genau", sagt Tenzin.

„Wie wollt ihr sie dann besuchen?", fragt der Soldat mit verdächtig leiser Stimme.

„Wir, wir ... sollen sie anrufen, wenn wir da sind", erwidert Tashi.

„Soso", meint ihr Gegenüber mit einem spöttischen Grinsen. „Eure Tante hat ein Telefon. Reich ist sie also auch noch, die Tante. Meine eigene hat nie eines besessen. Dann gebt mir doch die Nummer, eine so großartige Person muss ich unbedingt selbst kennen lernen, ich rufe sie für euch an."

Den Zwillingen rutscht das Herz in die Hose. Was tun? Sich eine Telefonnummer ausdenken und losrennen, wenn der Soldat zum Hörer greift? Keine gute Idee, denn über seiner Schulter baumelt ein Gewehr. Die beiden schauen sich hilflos an. Der Gedanke, dass der Mann in seiner Hütte überhaupt kein Telefon haben könnte, kommt ihnen gar nicht.

„Ähm, äh, tja", Tashi hat keine Ahnung, was sie sagen soll.

„Das mit der Tante ist ein Märchen", poltert der Soldat los. „Ihr wollt abhauen!"

Tenzin und Tashi schauen betreten zu Boden.

Jetzt ist es aus! Arbeitslager, Gefängnis, Heim oder doch Umerziehungslager? Ihre schlimmsten Befürchtungen werden wahr.

Tenzin steckt die Hände in die Anoraktasche und sucht mit den Fingern das Foto des Dalai-Lama.

Vorbei – nie werde ich ihn treffen können!, denkt er.

„Flüchtlinge haben doch immer ein bisschen Kleingeld in den Taschen", brummt der Soldat vor sich hin. „Vielleicht können wir uns darauf einigen, dass meine Ermittlungen gegen euch eingestellt werden, wenn ihr gleich ein Bußgeld bezahlt. Dann könnte ich mich vielleicht dazu überreden lassen, dass ich euch nie gesehen habe!"

„Ein Bußgeld? Ach so, ja gerne", meint Tashi, die sofort kapiert, dass dies ihre einzige Chance ist. Das Mädchen nimmt den Rucksack ab und kramt nach dem Geld, das der Großvater ihnen geschenkt hat. „Hier bitte, für Sie!" Tashi hält dem Soldaten die paar Scheine unter die Nase.

Sicher wäre Großvater damit einverstanden, dass wir mit seinem Geld unser Leben retten, denkt sie dabei.

„Das ist ein bisschen wenig, Mädchen", murmelt der raffgierige Soldat. „Ein paar Yuan mehr dürften es schon sein."

Schweren Herzens greift Tashi in die andere Rucksacktasche und gibt dem Soldaten noch ein paar Yuan von Vaters Ersparnissen. Jetzt sieht der Soldat schon zufriedener aus.

„So und nun ab, ihr verdammten Tibeter. Macht, dass ihr weiterkommt! Nicht dass ich es mir noch anders überlege. Dann wird euer Kleingeld nicht reichen, verstanden?"

Die Kinder nicken und rennen los. Ein Großteil ihres Geldes ist zwar weg, aber sie sind frei!

In Zukunft müssen sie unbedingt vorsichtiger sein. Den Rest der Nacht gehen sie zügig weiter und reden fast kein Wort mehr miteinander. Sie haben Glück. Eine Stunde vor Sonnenaufgang kommen sie an einer verfallenen Scheune vorbei, die einsam dreißig Meter abseits vom Weg zwischen den Feldern steht. Hier verbringen sie den nächsten Tag. Zum Schlafen sind sie viel zu aufgeregt. Erst nach Stunden nicken sie kurz ein, müssen aber bald schon wieder weiter.

Wie findet man einen Schlepper?

Die weitere Reise verläuft ohne unliebsame Überraschungen. Am nächsten Morgen erreichen sie Shigatse, ohne noch einmal auf Kontrollposten gestoßen zu sein. Dafür treffen sie jetzt auf richtige Menschenmassen. Überall sind Leute unterwegs zur Arbeit, Kinder auf dem Weg zur Schule, die Marktfrauen öffnen ihre Verkaufsstände. Tashi und Tenzin sind völlig verunsichert von all dem Wirrwarr und den vielen Menschen. Shigatse ist die zweitgrößte Stadt der Tibeter und die größte, in der sich die Zwillinge je bewegt haben. Lhasa, die größte Stadt Tibets, haben sie ja nur vom Busfenster aus gesehen. Das war auch besser so, denn in Städten fühlen sie sich nicht wohl. Aber sie haben drei Dinge in Shigatse zu erledigen: Sie müssen einen kostenlosen Schlafplatz finden, sie müssen einen Schlepper ausfindig machen, der sie über die Berge bringt, und sie müssen ihre Tsampavorräte auffüllen.

„Wollen wir es wieder mit der Norbu-Geschichte im Kloster versuchen?", schlägt Tashi vor.

„Versuchen können wir es ja", meint er.

Die zwei fragen nach dem Weg zum Kloster Tashilhünpo. „Berg des Glücks" heißt Tashilhünpo übersetzt. Und weil Tashi „Glück" bedeutet, ist das Mädchen sich sicher, dass sie im Kloster Glück haben werden.

Wie in Drepung fragen sie den ersten Mönch, der ihnen begegnet, nach Norbu. Sie haben wirklich Glück, auch in Tashilhünpo gibt es anscheinend mehrere Norbus. Wieder landen sie im Büro und nach einigem Hin und Her erzählen sie wiederum zaghaft die Geschichte ihrer Flucht. Auch dieses Mal bietet ihnen der junge Mönch, der im Büro arbeitet, seine Zelle als Unterschlupf an. Tenzin ist von so viel Hilfsbereitschaft tief beeindruckt. Darum hat er wegen der Norbu-Lügengeschichte ein schlechtes Gewissen.

„Weißt du, wo wir die Schlepper finden können?", fragt Tashi unterdessen ihren Gastgeber, der ebenfalls Tenzin heißt. Der Mönch legt die Stirn in Falten und kratzt seinen Glatzkopf.

„Nein, nicht direkt. Versucht es doch mal auf dem Markt, aber nehmt euch vor den Spitzeln in Acht", antwortet Tenzin.

Tashi muss fortwährend auf die abstehenden Ohren von Mönch Tenzin schauen. Da der Mönch seinen Kopf kahl geschoren hat, fallen die Ohren besonders auf.

Die Kinder schlendern den Markt entlang. Die Marktstände interessieren sie nicht besonders. Unentwegt schauen sie sich die Menschen an.

Könnte der da vorne mit dem dicken Anorak wohl ein Schlepper sein?, überlegt Tenzin.

Er beobachtet den Mann eine Weile. Doch dann beginnt dieser, braune Säcke von einem Wagen abzuladen. Nein, das ist kein Schlepper, das ist ein Händler. Tashi stößt ihren Bruder leicht in die Seite und deutet mit dem Kinn unauffällig nach rechts. Dort sitzt ein junger Mann auf einer Bank. Er raucht eine Zigarette und scheint inmitten von all dem geschäftigen Markttreiben ansonsten rein gar nichts zu tun zu haben. Die Kinder setzen sich einfach zu ihm. Sie haben keine Ahnung, wie sie mit dem Fremden ins Gespräch kommen sollen. Schließlich können sie ihn ja nicht einfach fragen: „Guten Tag, sind Sie ein Schlepper?" Sie haben große Angst davor, an einen Spitzel zu geraten.

„Na, Kinder, müsst ihr nicht zur Schule?" Es ist der Fremde, der die Zwillinge anredet.

Tenzin schüttelt den Kopf. „Wir gehen nicht mehr zur Schule. Wir besuchen unsere Tante."

„Ach so", sagt der Mann nur.

Tashi mustert ihn ganz genau. Er trägt einen langen,

dunklen Zopf. Auf dem Kopf hat er eine rote Baseball-
kappe. Seine Haut sieht sonnenverbrannt aus, so als ob
er oft in den Bergen unterwegs wäre.

Die Augen des Mannes wirken gütig – überhaupt
nicht wie bei einem Spitzel, überlegt Tashi, obwohl sie
auch nicht sagen könnte, wie die Augen eines Spitzels
aussehen würden. Nachdem sie aber seine robusten
Bergstiefel gesehen hat, ist Tashi sich ziemlich sicher:
Neben ihnen sitzt ein Schlepper.

„Müssen Sie nicht arbeiten?", fragt das Mädchen zaghaft und hofft, dass das nicht zu unhöflich klingt. Irgendwie muss sie schließlich rausfinden, ob ihre Ver-
mutung stimmt.

„Erst übermorgen wieder. Dann gehe ich hoch in die
Berge", fügt er hinzu.

Tashi kapiert, der Mann hat sofort erkannt, dass sie
Flüchtlinge sind und will ihr mit der Bemerkung ein
Zeichen geben.

„Wohin gehen Sie denn?", fragt Tenzin, der wohl dieselben Gedanken hat wie seine Schwester.

„Weit weg und hoch hinauf", antwortet er.

„Nehmen Sie da manchmal auch andere Leute mit?"

Mit der Frage geht Tashi ein hohes Risiko ein. Wenn
sie doch einen Spitzel vor sich haben, haben sie sich verraten.

„Ja, das mache ich", erwidert der Mann völlig unerwartet. Und nach einer Pause: „Wollt ihr mitkommen?"

Die Geschwister nicken. „Habt ihr Geld?", fragt der
Mann im Flüsterton.

Tenzin macht ein bedauerndes Gesicht. „Nicht viel, die Kontrollposten …"

„Wie viel?"

„Wie viel wollen Sie?", entgegnet Tashi.

Der Schlepper nennt seinen Preis. Tashi bleibt der Mund offen stehen. Das ist mehr, als sie jemals auf einem Haufen gesehen hat.

„Das … das … das können wir nicht bezahlen", stammeln die beiden wie aus einem Mund. Sie hatten ja nicht mal die Hälfte dieser Summe, bevor der Soldat ihnen einiges abgeknöpft hat.

Aus der Traum! Tashi und Tenzin sind am Boden zerstört. Ohne Schlepper müssen sie sich allein den Weg durch den Himalaja, durch das höchste Gebirge der Welt, suchen. Und das ist etwas anderes als immer an der Straße entlang von Dubehi nach Shigatse zu wandern. Es ist fast unmöglich.

Der Mann macht ein trauriges Gesicht, und das nicht nur, weil ihm gerade ein Geschäft durch die Lappen gegangen ist. Er sieht auch, wie verzweifelt die Kinder sind. „Tut mir leid, weniger kann ich nicht verlangen. Das ist schon ein Sonderpreis. Aber ich kann euch genau erklären, worauf ihr in den Bergen unbedingt achten müsst, dann schafft ihr es …"

Der Rest des Satzes ist ein unverständliches Gemurmel. Tenzin hätte schwören können, dass er „wenn ihr Glück habt" verstanden hat. Schlagartig kapiert der Junge, dass ihre Chancen durchzukommen, verdammt schlecht stehen.

„Kommt mit in mein Zimmer, dort kann ich euch alles genau erzählen, da sind wir unbeobachtet", schlägt der Schlepper vor. Als er bemerkt, wie Tashi und Tenzin zögern, fügt er hinzu: „Keine Angst, ich bin kein Spitzel, ich verrate euch nicht an die Soldaten."

Die Zwillinge nicken einander kaum merklich zu. Sie müssen jede Möglichkeit nutzen, um über die Berge zu kommen. Ihr Vertrauen wird belohnt. Der Schlepper gibt ihnen wertvolle Tipps, berichtet von Steinhaufen und Gebetsfahnen als Wegmarkierungen, von besonderen Bergformen, von tiefen Gletscherspalten und rauschenden Gebirgsbächen. Die Kinder hören gebannt zu, saugen jede Information in sich auf. Sie wissen, dass davon ihr Leben abhängen kann.

Zum Schluss will Tenzin von dem Schlepper wissen: „Woran haben Sie erkannt, dass wir Flüchtlinge sind?"

„An euren scheuen Blicken. Ihr habt euch so unruhig umgeschaut", antwortet der Schlepper. „Man hat sofort gesehen, dass ihr noch nie in unserer Stadt wart." Zum Abschied schenkt er ihnen noch einen Sack Tsampa. „Den werdet ihr brauchen. Viel Glück."

Tashi unternimmt einen letzten Versuch: „Könnten Sie uns vielleicht doch mitnehmen? Wir würden unser gesamtes Geld geben."

Der Schlepper schüttelt energisch den Kopf. „Nein", sagt er bestimmt. „Das habe ich einmal mitgemacht. Mitten in den Bergen haben sich die Flüchtlinge dann fürchterlich gestritten, weil herauskam, dass zwei viel weniger bezahlt haben als die anderen. Die anderen wollten dann ihr Geld zurück oder nicht mehr weitergehen. Oder zurückgehen und der Polizei einen Tipp geben, dass ich Flüchtlinge über die Grenze schmuggle. Es war schrecklich und gefährlich. Man braucht dort oben seine ganze Kraft. Streitereien sind ein zusätzliches Risiko. Ich habe mir geschworen, dass ich das nicht mehr mache. Vielleicht findet ihr ja einen anderen Schlepper, der nicht so denkt wie ich, aber macht euch keine allzu großen Hoffnungen."

Völlig übermüdet kehren die Kinder ins Kloster zurück. Sie verstauen den Proviant so, dass er vor Ratten sicher ist, dann wickeln sie sich in ihre Decken, kuscheln sich eng aneinander und sind sofort eingeschlafen.

Am nächsten Morgen erzählen sie ihrem Gastgeber Tenzin, was sie in Erfahrung gebracht haben. Mit hängenden Köpfen sitzen sie da und stochern lustlos in ihrem Tsampabrei. Der Mönch hört aufmerksam zu und versorgt sie mit heißem Buttertee.

„Ich habe gestern auch was rausbekommen", meint er so beiläufig wie möglich und kratzt sich hinter den abstehenden Ohren. Durch den Tonfall seiner Stimme werden die Zwillinge hellhörig und starren den Mönch neugierig an. „Mein Bruder ist Lastwagenfahrer. Er fährt morgen nach Sakya. Wenn ihr ihm etwas Geld gebt, könnt ihr mitfahren."

Tenzin rechnet die Strecke nach, die er auswendig kennt. Das sind mindestens hundertfünfzig Kilometer durch die Berge. Die Fahrt mit dem Lastwagen würde viel, viel Zeit und Kraft sparen.

„Wir kommen mit", sagt Tashi, die in Gedanken dieselbe Rechnung angestellt hat.

„Gut", sagt Tenzin, „dann gebe ich meinem Bruder Bescheid."

Die Tibeter sind ein sehr hilfsbereites Volk. Aber Flüchtlingen zu helfen ist strengstens verboten und kann einen ganz schnell für Jahre ins Gefängnis bringen. Deswegen können Tashi und Tenzin die Hilfsbereitschaft, die sie überall erfahren, kaum fassen.

Draußen ist ein herrlicher Tag. Keine Wolke ist am blauen Himmel zu sehen. Die Gebetsfahnen flattern lustig im Wind und schicken die Wünsche der Menschen in den Himmel. Die Kinder fühlen sich pudelwohl im Kloster. Sie haben keine Schmerzen, konnten sich waschen und sind satt.

„Lass uns Fußball spielen", schlägt Tashi vor. Ihr Knie ist wieder gut zu gebrauchen.

„Prima Idee", sagt Tenzin und holt den roten Stoffball aus seinem Rucksack.

Während des Spiels fragen sich die Kinder die Stationen ihrer Flucht ab.

Die Kinder kicken den Ball kurze Zeit allein hin und her. Doch dann wollen immer mehr Mönche mitspielen. Zum Schluss sind fünfzehn Leute auf dem Spielfeld. Als Tor dienen jeweils zwei Steine. Ausgelassen und übermütig kicken sie im Klosterhof.

Tashi ist ziemlich entsetzt, dass auch Mönche foulen.

Als alle völlig kaputt und verschwitzt an der Klostermauer lehnen, lädt sie der Mönch Tenzin ein: „Wollt ihr mit uns essen? Es gibt heute Momos."

Die Zwillinge überlegen keine Sekunde. Momos – ihr Lieblingsessen. Momos sind kleine Teigbällchen, die mit Gemüse gefüllt sind und in einer leckeren Brühe schwimmen.

Umso schwerer fällt ihnen der Abschied am nächsten Morgen. Tenzin muss noch etwas loswerden. Dass er unterwegs ein paar Zwiebeln geklaut hat, das war nicht so schlimm, war schließlich eine Notlage. Die Butter hat er für seine verletzte Schwester gebraucht, das war auch eine Notlage. Aber Mönche zu belügen, das ist in Tibet keine kleine Sache. Er muss die Angelegenheit unbedingt bereinigen!

„Ähm, es war geschwindelt", sagt er zu Tenzin, dem Mönch. „Wir kennen hier gar keinen Norbu. Das war so ein Trick von uns, weil wir gehofft haben, dass wir im Kloster übernachten können. Es tut mir so leid."

Der Mönch lacht laut. „Es gibt hier gar keinen Norbu. Mir war sofort klar, dass ihr Flüchtlinge seid. Aber ich wollte euch helfen."

Tenzin ist baff. „Obwohl wir gelogen haben?"

„Ja, obwohl ihr gelogen habt. Norbu hin, Norbu her, ich finde es sehr mutig, was ihr macht. Ich wäre zu feige dazu. Schreibt mir einen Brief, wenn ihr in Sicherheit seid."

Auf gefährlicher Fahrt
im Lastwagen

Als der Lastwagenfahrer seinen Namen nennt, brechen die Zwillinge und Tenzin in lautes Gelächter aus. Der Lastwagenfahrer heißt nämlich Norbu. Der versteht allerdings nicht, was daran so komisch sein soll. Norbu schaut sich vorsichtig um und zieht die große Plane über der Ladefläche ein Stück zur Seite. Die Ladefläche ist völlig mit übereinandergestapelten Kartons zugestellt.

„Los, reinkriechen. Ihr müsst ganz weit nach hinten durchgehen. Und euch dort gut verstecken. Wenn ein Kontrollposten kommt, seid ihr mucksmäuschenstill. Verstanden? Und wenn alles schiefgeht und ihr entdeckt werdet: Ihr kennt mich nicht und ich kenne euch nicht und ich habe keine Ahnung, wie ihr hier reingekommen seid, klar?"

Die Kinder nicken, sagen Tenzin herzlich Lebewohl und kriechen unter die Plane. Norbu zurrt die große, braune Plane fest, plaudert noch kurz mit seinem Bruder und gibt dann Gas.

Was für eine Fahrt! Tashi und Tenzin müssen sich die ganze Zeit krampfhaft festklammern. Die Straße ist nicht nur holprig, sondern auch extrem kurvenreich. Wenn Norbu mit voller Geschwindigkeit in ein Schlagloch fährt, werden die Kinder hoch in die Luft geschleudert. Norbu scheint an der wilden Fahrt Spaß zu haben. Man kann ihn im Fahrerhaus singen hören.

Mittlerweile hat es heftig zu regnen begonnen. Die Plane schützt die Kinder wenigstens vor Nässe.

Die Fahrt zieht sich wie eine langweilige Geschichtsstunde bei Lehrer Wang. Plötzlich stoppt Norbu. Die Kinder segeln erneut durch die Luft und werden dann unsanft gegen ein paar Kartons geschleudert. Sie kapieren sofort: ein Kontrollposten. Angestrengt lauschen die beiden. Norbu unterhält sich mit einem Soldaten. Die Männer rauchen zusammen eine Zigarette.

„Lass mich mal deine Ladung sehen", sagt der Soldat.

„Du weißt doch, ich habe immer dasselbe geladen", entgegnet Norbu.

„Ich muss trotzdem einen Blick reinwerfen. Vorschrift ist Vorschrift", meint der Soldat, dessen Ton ungeduldiger wird.

„Na gut, wenn du unbedingt durch den Regen stapfen willst", erwidert Norbu. „Du weißt ja, wie du die Plane zur Seite schieben kannst."

Tashi und Tenzin kauern sich wie ängstliche Kaninchen in die hinterste Ecke des Lastwagens. Sie verstecken sich hinter ein paar Kartons.

Wenn der Soldat uns jetzt entdeckt, ist alles vorbei.

Langsam wird die Plane zur Seite gezogen. Der Soldat leuchtet mit der grellen Taschenlampe ins Innere des Laderaums.

„Meine Güte, hier sieht's aus wie Kraut und Rüben. Hast du deine Ladung nicht festgebunden?"

„Hatte keine Zeit", sagt Norbu nur. „Außerdem besteht die Ladung ja auch aus Kraut und Rüben", fügt er kichernd hinzu.

„Du machst mir meine Arbeit nicht gerade leicht", meint der Soldat säuerlich und klettert mühsam auf den Lastwagen.

Die Kinder halten die Luft an, während der Soldat sich einen Weg durch die Kartons bahnt. Er flucht leise vor sich hin.

Tashi hört die Schritte und das Fluchen näher kommen. Sie schließt die Augen und wartet nur darauf, dass der Lichtstrahl der Taschenlampe auf ihr Gesicht fällt.

Tenzin entdeckt plötzlich, dass der Soldat gleich über seine Reisetasche stolpern wird. Dann sind sie verraten! Noch drei Schritte. Tenzin starrt abwechselnd auf die Reisetasche und auf den Soldaten. Der Junge gibt keinen Laut von sich. Trotzdem hat er das Gefühl, dass schon seine Blicke Geräusche verursachen.

„Bist du eingeschlafen?" Es ist Norbu.

„Eingeschlafen? Schön wär's! Ich muss mich hier durch dein Chaos kämpfen", antwortet ihm der Soldat grimmig.

Noch zwei Schritte bis zur Reisetasche.

„Glaubst du etwa, ich hab Gold oder amerikanische Spione zwischen meinen Kohlköpfen versteckt? Nach was suchst du?"

Der Soldat bleibt stehen. „Weiß auch nicht. Ist eben Vorschrift, dass ich kontrolliere."

„Das hast du doch jetzt getan", erwidert Norbu

scheinbar gleichgültig. „Ich muss auch meine Termine einhalten, ich bin sowieso schon spät dran."

„Schon gut. Ich kann in dem Durcheinander ohnehin nichts erkennen." Der Soldat zögert kurz. Einen Schritt vor Tenzins Reisetasche dreht er sich plötzlich um und bahnt sich seinen Weg zurück.

Tenzin und Tashi kauern immer noch starr vor Angst hinter den Kartons. Tashi traut sich nicht mal zu schlucken. Sie befürchtet, der Soldat könnte noch einmal zurückkommen und sie entdecken. Die Kinder lauschen angestrengt auf die Geräusche um sich herum. Von draußen hören sie Norbus Pfeifen.

Erst jetzt kapieren die Kinder: Norbu ist absichtlich so wild gefahren, damit die Ladung durcheinander fällt und ein Kontrollposten dann nur schwer durchkommt. Jetzt sind die Zwillinge dem Fahrer für seinen chaotischen Fahrstil unendlich dankbar.

„Nächstes Mal muss deine Ladung ordentlich festgezurrt sein", befiehlt der Soldat, der wenigstens das letzte Wort behalten will, wenn er schon nichts gefunden hat. „Damit ich meine Arbeit auch vorschriftsmäßig erledigen kann."

„Geht klar", erwidert Norbu nur. „Bis zum nächsten Mal."

Erst als sie ein paar Kilometer gefahren sind, trauen sich die Kinder aus ihrem Versteck hervor. Nach der Anspannung beginnen jetzt beide zu zittern. Tashis Knie schlottern so, dass sie nicht stehen kann.

„Das war knapp", presst Tenzin hervor. Er ist völlig

außer Atem, denn vor lauter Angst hat er die Luft ange-
halten. Nun fährt Norbu langsam weiter. Die Zwillinge
machen es sich auf den Kartons bequem.

Einige Zeit später stoppt der Lastwagen erneut. Die
Kinder schauen sich an. Wieder ein Kontrollposten?
Was sollen sie tun? Schnell verstecken! Sie können keinen klaren Gedanken fassen. Als sich die Plane bewegt,
haben sie schon fast aufgegeben.

„Endstation." Es ist Norbu. „Ich lasse euch hier raus.
Das ist die Abzweigung nach Sakya. Ihr müsst weiter ge-
radeaus. Wenn ich euch einen Tipp geben soll: Geht
nicht die Straße entlang. Es gibt einige Streckenposten.
Besser, ihr marschiert von hier aus in die Berge. Viel
Glück, ihr beiden."

Tenzin und Tashi sind völlig verdattert. Vor einer
Minute dachten sie noch, gleich würden sie in die Mün-
dung eines Soldatengewehrs starren, und nun sind sie
kurz vor Sakya.

„Danke, Norbu, danke", können sie nur flüstern.

„Macht schon, dass ihr rauskommt", sagt der Fahrer
lachend. „Ich hab euch beide bestimmt ganz schön
durchgeschüttelt, was?"

„Kann man wohl sagen", meint Tenzin grinsend und
fügt dann hinzu: „Wie viel Geld bekommst du denn
jetzt von uns?"

„Schon wieder Geld?", kichert Norbu. „Das hat doch
schon mein Bruder erledigt. Macht's gut."

Tenzin, der Büromönch, hat die Fahrt bezahlt. Die
Kinder sind überwältigt von der Freundlichkeit des

Mönchs. Sie suchen ihre paar Sachen zusammen, klettern vom Lastwagen und winken Norbu nach, bis er hinter der nächsten Kurve verschwunden ist. Seine lautstarke Hupe können sie noch eine ganze Weile hören.

Allein in den Bergen

Die Zwillinge schauen sich um. Kontrollposten und Soldaten wollen sie nicht mehr begegnen. Darum befolgen sie Norbus Rat. Tashi entdeckt einen kleinen Pfad, der direkt in die Berge führt. Die Kinder überlegen nicht lange, schultern ihr Gepäck und marschieren los. Von den Landkarten im Kloster Drepung wissen sie so ungefähr, wie die Straße verläuft. Tashi und Tenzin versuchen, parallel zur Straße zu gehen. Hier ist alles menschenleer. Vor den Soldaten sind sie jetzt erst einmal in Sicherheit.

Tibet ist ein sehr dünn besiedeltes Land. Schon auf der bisherigen Reise hat es oft Stunden, wenn nicht Tage gedauert, bis sie an einem Dorf vorbeigekommen sind. Aber hier ist die Landschaft noch einsamer. Grauer Fels, Hügel aus Schutt und Sand, dazwischen ein paar abgeweidete grüne Flecken. Wenn der Blick der Zwillinge etwas weiter schweift, sehen sie in der Ferne die schneebedeckten Berge des Himalaja. Noch ein weiter Weg bis dorthin. Und dann müssen sie sie überqueren. Schon jetzt bekommen sie einen Vorgeschmack, was ihnen noch bevorsteht. Denn die meiste Zeit geht es steil bergauf. Und auf dem schmalen Felspfad spüren sie jedes Steinchen durch ihre Halbschuhe.

Nach zwei Stunden legen Tenzin und Tashi ihre erste Pause ein. Sie haben einen kleinen Bach entdeckt. Endlich können sie ihren Durst stillen und einen Tsampabrei essen.

„Ist es hier gefährlich?", will Tashi von ihrem Bruder wissen.

„Was meinst du? Gefährlich wegen der Tiere oder wegen der Menschen oder wegen der Berge?" Tenzi blickt skeptisch in Richtung Gebirge.

An gefährliche Tiere hatte Tashi noch gar nicht gedacht.

„Hier oben kann es Wölfe, wilde Yaks oder vielleicht auch Schneeleoparden geben", setzt er nach.

Tashi ist erschüttert. „Dann ist es sehr gefährlich."

Tenzin nickt, aber sie haben keine andere Wahl. Sie müssen über die Berge.

„Wir werden ab jetzt tagsüber weiterziehen und uns nachts einen sicheren Schlafplatz suchen", schlägt er vor. Tashi hat nichts dagegen. Es reicht schon, dass man die Trampelpfade, auf denen sie jetzt unterwegs sind, im Dunkeln kaum erkennen kann. Aber wenn man sich auch noch vor wilden Tieren in Acht nehmen muss, wird ihr das Ganze zu unheimlich.

Die nächsten Tage verlaufen einer wie der andere. Die Reise würde fast schon langweilig werden, wenn es nicht so anstrengend wäre. Tenzin und Tashi klettern über die Hänge, rutschen immer wieder ab, versuchen es noch einmal; sie durchwaten eiskalte Bäche und balancieren über glitschige Steine. Die meiste Zeit geht es bergauf, nur ab und zu müssen sie weite Ebenen durchqueren. Das ist zwar weniger mühsam, aber in der Ebene haben sie immer das Gefühl, überhaupt nicht vom Fleck zu kommen. Die Nächte, die in der Höhe immer kälter werden, verbringen sie nur noch im Freien. Bis jetzt sind ihnen zwar keine wilden Tiere – und schon gar keine Schneeleoparden – begegnet, aber seit Tenzin davon erzählt hat, hat Tashi immer ein mulmiges Gefühl, wenn sie daran denkt, in einer Höhle übernachten zu müssen. Sie weiß, auch Tiere suchen dort gern Unterschlupf.

Wenn sie kleine Dörfer entdecken, umgehen die Kinder sie in einem großen Bogen. Sie wollen kein Risiko eingehen und in den Dörfern Soldaten begegnen.

Allzu oft kommen die beiden allerdings nicht an einem Dorf vorbei. Sie sind schon nahe an der Schneegrenze. Der Wind bläst scheußlich kalt. Tag und Nacht haben sie ihre Daunenanoraks an. Und ohne das zweite Paar Filzhosen wäre es unter ihren dünnen Decken unmöglich zu schlafen. Zum Glück regnet oder schneit es nicht. Es gibt auch keinen Nebel. Jeden Tag begrüßt sie ein strahlend blauer Himmel.

Kurz vor der Schneegrenze suchen die Zwillinge bereits am Mittag einen Übernachtungsplatz. Im Schnee zu übernachten wollen sie nicht riskieren. Lieber nehmen sie frisch und ausgeruht am nächsten Morgen den langen Marsch durch den Schnee in Angriff. Auch so wird ihnen in der ganzen Nacht nie richtig warm unter der Decke.

Bei Sonnenaufgang schälen sie sich verfroren aus ihrem Nachtlager. Sie müssen heute nach einem guten Pass über die Berge suchen. Vielleicht haben sie ja Glück und finden noch Spuren einer anderen Flüchtlingsgruppe. Die Chancen dafür stehen schlecht, denn das Himalaja-Gebirge ist riesengroß. Es gibt tausende von Tälern und Bergrücken. Was für ein Zufall, wenn andere Flüchtlinge ausgerechnet auf dieser Strecke unterwegs gewesen wären!

„Tenzin, da vorne, ein schwarzer Punkt. Vielleicht eine Höhle!", ruft Tashi aufgeregt. Die Nächte sind eisig. Wilde Tiere hin oder her – so weit oben, wie sie jetzt sind, ist ein windgeschützter Unterschlupf überlebenswichtig. Tashi behält Recht. Eine schmale, aber mindestens zehn Meter lange Höhle liegt vor ihnen. Ideal für die Nacht. Tashi krabbelt als Erste hinein.

„Tenzin, Tenzin, komm schnell!"

Sofort kriecht ihr Bruder hinterher.

„Schau dir das an!" Das Mädchen hält Tenzin eine leere Konservendose unter die Nase. Tenzin pfeift anerkennend. Eine Konservendose, das bedeutet, dass vor ihnen schon jemand in der Höhle war.

„Vielleicht war ein Schlepper hier", spricht Tashi aus, was sich auch ihr Bruder wünscht.

„Los komm, wir suchen nach Spuren im Schnee. Vielleicht haben wir ja Glück."

Das Ausruhen und Essen verschieben die beiden auf später und verstauen ihr Gepäck in der Höhle. Keine fünf Minuten später rennen die Zwillinge zur Schneegrenze und suchen dort die weiße, eintönige Fläche ab. Irgendwo müssen doch Spuren zu sehen sein. Mit der rechten Hand umklammert Tenzin das Foto des Dalai-Lama und späht angestrengt den Berg hinauf. Nichts. Sie sehen nur den weißen Schnee, der in der Sonne glitzert und blendet. Beide kneifen die Augen zusammen und suchen weiter.

„Wahrscheinlich hat es hier oben geschneit, sodass die Spuren wieder verdeckt sind." Allmählich gibt Tashi die Hoffnung auf.

„Das glaub ich nicht", macht sich Tenzin selbst Mut, aber er kann auch keine Fußspuren entdecken. Der kalte Wind wird ungemütlich. Frierend gehen die beiden zur Höhle zurück. Das Pfeifen des Windes geht die ganze Nacht über weiter. So, als wolle er ihnen zeigen, wer im Himalaja das Sagen hat.

Eine Spur im Schnee

Als es am nächsten Morgen dämmert, schultern Tashi und Tenzin ihr Gepäck und marschieren auf die weiße Fläche zu. Zuerst sind die Hänge nur ein wenig mit Schnee überzuckert, aber schon nach einer halben Stunde stehen sie knietief im kalten Weiß. Doch als sie die Stelle mit den tiefsten Schneewehen hinter sich gelassen haben, entdecken sie plötzlich Fußspuren.

„Das gibt's doch nicht!", ruft Tenzin freudig aus. Seine Finger suchen automatisch das Foto in seiner Anoraktasche. Seine Gebete sind erhört worden. Sie sind tatsächlich auf Spuren gestoßen! Wahrscheinlich haben sie zufällig denselben Weg eingeschlagen wie die Menschen, die vor ihnen in der Höhle übernachtet haben. Die Geschwister schauen sich in die Augen und lachen vor Erleichterung. Was für ein Glück! Was für ein unglaubliches Glück! Nun müssen sie nur der Spur folgen. Natürlich vorausgesetzt, dass ihre Vorgänger den richtigen Weg gekannt haben. Aber wenn die sogar Konserven dabeihatten, müssen sie ihre Wanderung gut geplant haben. Sicher sind sie auf dem richtigen Weg.

Obwohl sie immer in die Fußabdrücke ihrer Vorgänger treten, sind die Halbschuhe der Zwillinge innerhalb von wenigen Minuten komplett durchnässt. Ihre Zehen verwandeln sich langsam, aber sicher in starre Eiszapfen. Doch die Kinder müssen weiter. Mechanisch setzen sie einen Fuß vor den anderen. Wenn sie aufblicken, sehen sie nur Berge und Schnee. Der eiskalte Wind bläst unaufhörlich und kühlt ihre Körper aus. Er macht den Aufstieg noch mühsamer und gefährlich.

„Das sind schon seltsame Berge", gibt Tashi zu verstehen, als sie nach drei langen Stunden ihre erste Pause einlegen.

„Wie meinst du das?"

„Sie sind so hoch und wir sind der Sonne so nah. Ich spüre schon, dass ich einen Sonnenbrand im Gesicht habe, trotzdem wärmt die Sonne nicht. Dieser blöde Wind bläst die ganze Wärme davon", erklärt Tashi ihrem Bruder.

Tenzin nickt. Ihm ist kalt. Sie nehmen ein bisschen Tsampa aus dem Sack, stecken das gemahlene Getreide in den Mund, schieben Schnee hinterher. Dann stapfen sie weiter. Lange Pausen sind nicht gut, dazu ist es zu kalt. Hinsetzen kann man sich sowieso nicht. Stunde um Stunde wandern die beiden ins Ungewisse. Zwei Fragen gehen ihnen nicht aus dem Kopf: Wie lange müssen sie wohl durch Schnee und Kälte irren? Was sollen sie tun, wenn sie bei Einbruch der Dunkelheit noch im Schnee stecken? Die letzte Nacht war schon eisig genug.

Plötzlich reißt ein ohrenbetäubendes Donnergrollen die beiden aus ihren Gedanken.

„Was ist das?", ruft Tashi entsetzt. Unglaubliche

Schneemassen haben sich von einem Berghang gelöst und donnern in die Tiefe. Die Kinder bleiben fassungslos wie angewurzelt stehen. So eine riesige Lawine haben sie noch nie gesehen! Zum Glück ist sie weit entfernt, sodass für die beiden keine Gefahr besteht. Schlagartig wird den Zwillingen bewusst, dass von den steilen Hängen jederzeit eine Lawine abgehen und sie unter sich begraben kann. Da niemand weiß, wo sie sind, würde niemand nach ihnen suchen.

Nach dem Donnern der Schneemassen herrscht jetzt eine fast unheimliche Stille.

„Hoffentlich ist unsere Spur nicht verschüttet worden", sagt Tenzin.

Nach einer halben Stunde sind die Geschwister an der Stelle, an der die Lawine niedergegangen ist. Sie sind todmüde. Die Fußspuren der anderen Flüchtlinge sind jetzt wegen der Schneemassen nicht mehr zu erkennen, aber die beiden haben sich eine Bergspitze eingeprägt, auf die die Spuren zugelaufen sind.

„Tenzin schau mal, hier ist eine kleine Schneehöhle", ruft Tashi aus, die sich als wahre Expertin entpuppt, wenn es darum geht, Schlafplätze ausfindig zu machen. Durch die Lawine hat sich tatsächlich eine Schneehöhle gebildet. Das könnte ihre Rettung sein. Wenn man wenigstens vor dem eisigen Wind geschützt ist, lässt sich die Nacht hier oben vielleicht durchstehen. „Lass uns hier übernachten", schlägt das Mädchen deshalb vor.

„Und wenn noch eine Lawine kommt?", fragt Tenzin etwas skeptisch.

„Das glaub ich nicht! Der lockere Schnee ist schon abgerutscht, und der Rest sieht ziemlich gefroren aus", erwidert Tashi.

Wahrscheinlich hat sie Recht, überlegt Tenzin. Außerdem gibt es keine bessere Möglichkeit für ein Nachtlager. Also testen sie, ob die Höhle auch hält. Der Schnee ist fest zusammengepresst, sodass keine Gefahr besteht.

„Die Höhle ist perfekt", freut sich Tashi. Innen ist das Pfeifen des Windes nur gedämpft zu hören. Das vermittelt das Gefühl, als ob die Höhle warm wäre, obwohl es fast zehn Grad unter null ist. Da sie ohne Holz kein Lagerfeuer machen können, essen die Kinder wie jeden Tag etwas Tsampa und stecken sich Schnee in den Mund.

Eisige Zehen

Tenzin zieht den nassen Schuh aus und massiert seinen kalten rechten Fuß.

„Ich habe kein Gefühl mehr in meinen Zehen", sagt er mit besorgter Miene.

„Zieh die Socke aus, ich wärme sie", schlägt Tashi vor. „Mach schon. Zuerst tut es weh, doch dann wird's warm", versucht ihn seine Schwester zu ermuntern.

Widerwillig zieht Tenzin die Socke aus. Seine Zehen haben eine unnatürliche Farbe. Sie sehen aus wie Wachs. Tashi beginnt, Tenzins Fuß zu massieren. Es ist nicht so qualvoll, wie er dachte. Mutig steckt sie den immer noch ziemlich kalten Fuß unter ihre Achseln, dort ist es schön warm. Erst als Tenzin die Socke wieder anzieht, kommt Leben in den Fuß. Es kribbelt, als ob tausend Ameisen darin herumkrabbeln würden. Der Fuß taut langsam auf. Das schmerzt fürchterlich. Tenzin verzieht das Gesicht.

Tashi versucht, ihren Bruder aufzumuntern. Sie erzählt von leuchtenden Farben, von grünen Wiesen, dampfenden Schüsseln voller Momos, von fröhlichen Menschen, von Sonne – sie erzählt ihm von Indien. Tenzin denkt an den Dalai-Lama und die Mönche, die er dort treffen wird, aber auch an Wärme und an Frieden. Vor allem an Wärme. In Indien ist es immer warm, das hat ihm sein Großvater erzählt, und der weiß es von einem Mönch aus dem Nachbardorf, der schon einmal dort gewesen ist. Sogar nachts ist es noch warm.

Die Nacht wird kalt, aber nicht so schlimm, wie die beiden es sich vorgestellt haben. Trotzdem wacht Tenzin am nächsten Morgen von der Kälte auf. Jetzt ist es ihm besonders unangenehm, in die eiskalten Schuhe zu schlüpfen. Bibbernd humpelt er aus der Höhle. Der Wind pfeift von den Bergen herab. Die Sonnenstrahlen beleuchten nur die obersten Bergspitzen. Es ist eisig kalt.

Genau wie Tenzins rechter Fuß. Der Junge hüpft und schüttelt sein Bein hin und her. Irgendwie muss dieser blöde Fuß doch warm werden! Aber er fühlt sich wie ein lebloser Klotz an. Voller Verzweiflung kriecht er in die Höhle zurück.

„Tashi, ich kann meinen Fuß nicht mehr spüren", ruft er ihr entgegen.

Seine Schwester ist sofort hellwach, denn das ist ein ernstes Problem. Wieder fordert sie ihren Bruder auf, Schuh und Socke auszuziehen. Dann steckt sie den eiskalten Fuß unter ihren Daunenanorak. Tashi bekommt eine Gänsehaut. Sie schaut ihren Bruder besorgt an.

Los, blöder Fuß werde endlich warm, bettelt sie in Gedanken immer wieder.

Endlich, nach einer halben Ewigkeit, verzieht Tenzin das Gesicht. Das Kribbeln setzt ein, der Fuß taut auf. Obwohl die Schmerzen heftig sind, ist Tenzin glücklich, dass der Fuß nicht abgefroren ist.

Nach ihrem Frühstück aus Tsampa und Schnee marschieren sie wieder los. Tashi, die die längeren Beine hat, geht voraus. Sie müssen sich ihren Weg durch den meterhohen Schnee der Lawine bahnen. Manchmal sinkt Tashi bis zur Hüfte ein. Nur mühsam kann sie sich wieder befreien. Nach zweihundert Metern ist sie völlig nass geschwitzt. Gegen den Durst futtert sie Schnee. Den Rat hat ihnen der Großvater mit auf den Weg gegeben.

Die Sonnenstrahlen erreichen sie nun. Dadurch wird es ein bisschen wärmer, obwohl der kalte Wind unablässig bläst. Tashi streckt ihr Gesicht der Sonne entgegen. Aber nur für den Bruchteil einer Sekunde. Sofort spürt sie, dass ihre Haut verbrennt. Auch die Augen brennen, wenn sie in die Sonne blinzelt. Der Sonnenbrand ist zwar schmerzhaft, aber die Augen können wirklich zum Problem werden. Sie erinnert sich, was der Schlepper ihnen erzählt hat: Wenn man zu lange ohne Sonnenbrille über Schneefelder läuft und die Sonne darauf brennt, kann man schneeblind werden. Mit brennenden Augen fängt es an, dann bekommt man schreckliche Kopfschmerzen und wenn man Pech hat, sieht man bald überhaupt nichts mehr. Das kann Tage oder Wochen anhalten und wenn es einen ganz schlimm erwischt hat, bleibt man sein ganzes Leben lang blind. Aber wo hätten sie Sonnenbrillen hernehmen sollen? Die können sich nur reiche Leute leisten.

Trotz ihrer düsteren Gedanken muss sie plötzlich laut auflachen.

„Was ist denn mit dir bitte los?" Tenzin schaut seine Schwester irritiert an.

„Ist das nicht komisch?", bringt Tashi unter Glucksen hervor. „Du erfrierst dir fast den Fuß, und ich habe mir das Gesicht verbrannt." Sie blickt ihren Bruder an. Jetzt erst erkennt er, dass Tashis Stirn, ihre Wangen und das Kinn knallrot sind. Die Nase beginnt sich bereits zu schälen. Tashis Kichern ist so ansteckend, dass auch Tenzin lachen muss. Sie lassen sich einfach in den Schnee fallen und lachen und lachen.

Dann rappeln sie sich auf, klopfen den Schnee von den Filzhosen und stapfen weiter. Nur noch fünfzig Meter, dann haben sie die Lawine hinter sich. Nach kurzem Suchen finden sie die Spuren der anderen Flüchtlinge wieder. „Nicht schlecht", denkt sich Tenzin, „wir haben unsere Richtung genau eingehalten, obwohl wir uns durch so tiefen Schnee kämpfen mussten." Er ist ein bisschen stolz auf sich und seine Schwester.

„Tashi, siehst du das auch? Da vorne, das könnte ein Pass sein. Vielleicht ist das der Nangpa-La-Pass. Du weißt schon, die höchste Stelle, die wir in der Karte finden konnten."

Das Mädchen schaut sich um. „Aber dann müsste doch hier schon Gletscher sein. Der Schlepper hat uns doch vor den Gletscherspalten gewarnt. Kannst du welche sehen?"

Tenzin schaut sich um. Nein, Gletscherspalten kann er keine sehen, nur Schnee und ab und zu graue Felsen.

„Vielleicht sind sie auch vom Schnee verdeckt", beharrt er. Seine Halbschuhe sind völlig durchnässt, diese verdammte Kälte kriecht in seinen Fuß. Da hilft auch Bewegung nichts. Doch nun hat er ein klares Ziel vor Augen. Die Aussicht, dass sie vielleicht schon bald das Schlimmste hinter sich haben, lässt ihn die Kälte für den Augenblick vergessen.

„Auf jeden Fall sehen wir da oben, was auf der anderen Seite liegt", fährt er fort. "Vielleicht ein Tal ohne Schnee, vielleicht können wir ein Dorf entdecken. Vielleicht sind wir dann ja schon in Nepal. Die Grenze verläuft doch genau auf dem höchsten Punkt des Passes."

Tenzins Zuversicht hat jetzt auch Tashi angesteckt. Vielleicht hat ihr Bruder ja Recht. Er muss einfach Recht haben. Das muss die höchste Stelle sein, höher kann es doch gar nicht mehr nach oben gehen. Im Geist sieht sie schon ein freundliches Bergdorf vor sich, wo die Flagge von Nepal mit ihren zwei Spitzen über einem kleinen Schulgebäude weht. Immer wieder sagt sie sich die paar Sätze auf Nepalesisch vor, die ihnen der Mönch Tsering beigebracht hat.

Nach weiteren zwei Stunden steilen Anstiegs haben sie endlich die Passhöhe erreicht – und sacken vor Enttäuschung im Schnee zusammen. Da ist kein grünes Tal, kein Dorf mit Gebetsfahnen oder einem Schulhaus. Sie sehen nur Schnee und Eis und Berge.

Tashi weint. Sie ist so enttäuscht. Dann beginnt sie zu schreien. Am liebsten würde sie die Berge wegschreien. Diese blöden Berge, die bis in den Himmel reichen. Einige sind 8000 Meter hoch.

„Wir müssen weiter", sagt Tenzin nach einer Weile.

„Ich mag nicht mehr. Ich kann nicht mehr", erwidert Tashi nun bockig. Sie hat ihre ganze Energie verbraucht.

„Wir müssen!", sagt Tenzin eindringlich. „Wenn wir hierbleiben, erfrieren wir."

Tashi zuckt nur müde mit den Schultern.

Na und, was soll's, dann erfrieren wir halt, denkt sie gleichgültig.

„Tashi, wir müssen nach Indien, wir möchten den Dalai-Lama sehen, wir wollen unserem Land helfen. Hast du das vergessen?"

Nein, das hat das Mädchen nicht vergessen. Aber niemand hat ihr gesagt, dass die Flucht so unendlich anstrengend werden wird.

„Bitte, Tashi, lass uns weitergehen. Bitte!" Tenzin nimmt ihr Gesicht in beide Hände und schaut ihr tief in die Augen. „Tu es für Lobsang, für Großvater, für die Eltern, für Kelsang – und für mich. Und denk doch an all die Leute, die uns geholfen haben. Die haben ganz schön was riskiert für uns. Wir dürfen jetzt nicht einfach so aufgeben."

Tashi stöhnt, schaut ihren Bruder an und steht ganz langsam auf. Tenzin strahlt seine Schwester an, nimmt ihre Hand und geht voraus. Müde stapft Tashi hinterher.

Ein paar Stunden folgen sie schweigend den Fußspuren, die um einen kleinen Hügel herumführen. Als sie den hinter sich haben, bleibt Tenzin abrupt stehen. Tashi, die automatisch einen Fuß vor den anderen gesetzt hat, ohne irgendetwas zu sehen, stößt mit ihrem Bruder zusammen. Erschöpft hebt sie den Kopf. Doch was sie sieht, gibt ihr Kraft. Da unten im Tal liegt kein Schnee. Steinige Hügellandschaft in greifbarer Nähe. Sogar ein paar Flecken Gras sind zu erkennen. Von der Passhöhe aus konnte man das nicht sehen, weil der Hügel die Sicht verdeckt hatte.

„Tashi, wenn wir heute noch so weit kommen, dann müssen wir diese Nacht nicht im Schnee verbringen", sagt Tenzin. In seine Stimme ist Hoffnung zurückgekehrt. „Schaffst du das?"

Ihr Rücken schmerzt, das Gesicht brennt. Tashi hat Durst, ist unendlich müde und will nur noch schlafen. Trotzdem nickt sie. Hauptsache raus aus dem Schnee.

Tatsächlich erreichen sie kurz vor Sonnenuntergang nicht nur die Schneegrenze, sondern sie finden auch noch einen geschützten Platz für die Nacht unter einem überhängenden Felsblock. Tashi rollt sich in ihre Decke und schläft auf der Stelle ein. Tenzin versucht, seinen Fuß weiter zu beleben. Dann zwingt er sich, ein bisschen trockenes Tsampa zu essen. Als er in den Beutel greift, wird ihm mulmig zumute. Der Vorrat schrumpft so schnell.

Sollen wir weniger essen?, überlegt Tenzin. Aber wir essen bereits wenig, antwortet er sich selbst.

Die Filzhosen, die ihm anfangs ein klein wenig zu eng waren, die sitzen bereits sehr locker. Wenn er doch nur wüsste, wann und wo sie ihren Vorrat auffüllen können.

Bei der alten Meto

Müde schleppen sich die Zwillinge am nächsten Tag weiter. Wenigstens führt die Route jetzt meistens bergab. Für den Augenblick ist das eine Erleichterung, obwohl sie wissen, dass sie alles, was sie bergab gehen, später auch wieder bergauf steigen müssen. Sie laufen durch eine Art Stein- und Geröllwüste. Überall liegen riesige Felsbrocken herum und dazwischen wächst an wenigen Stellen ein bisschen Gras. Bis auf ein paar einzelne Flecken im Schatten gibt es hier nicht mehr viel Schnee. An einem kleinen See machen sie Rast und können endlich mal wieder ihren Durst löschen, ohne den

kalten Schnee im Mund schmelzen zu lassen. Sie füllen ihre Essschüsseln mit Wasser und trinken und trinken. Tashi würde sich auch gerne das Gesicht waschen, doch ihre Haut schält sich wie eine Zwiebel.

Die Kinder suchen sich ein windstilles Plätzchen und wärmen sich in der Sonne. „Eigentlich ist es hier schön", meint Tenzin, der auf die hohen Berge blickt.

„Ja, wenn man nicht durch Schnee und Geröll stapfen muss und wenn der blöde Wind nicht bläst", gibt Tashi zu.

Und wenn man keine erfrorenen Füße hat, würde Tenzin am liebsten hinzufügen, doch er sagt nichts.

Plötzlich reißt sie eine brüchige Stimme aus ihrem Gespräch.

„Was macht ihr denn hier?"

Die Geschwister schrecken hoch. Eine alte Frau mit sonnenverbranntem, runzligem Gesicht steht vor ihnen und lächelt sie freundlich an. Mit ihrem gebeugten Rücken ist sie kaum größer als die beiden. Seit Tagen das erste menschliche Wesen, das sie zu Gesicht bekommen. Auf jeden Fall besser, als Soldaten zu begegnen. Aber wo kommt mitten in dieser öden Gegend diese Frau her?

„Seid ihr über die Berge gekommen?", fragt die Alte. Tenzin nickt müde.

„Kommt mit", meint die Frau nur, als wäre es das Selbstverständlichste auf der Welt.

„Wo sind wir hier?", will Tenzin wissen, der immer noch hofft, dass sie die Grenze schon überquert haben, obwohl er es eigentlich besser weiß.

„In den Bergen", meint die alte Frau nur, aber als sie merkt, dass der Junge mit dieser Auskunft nicht zufrieden ist, fügt sie hinzu: „In Tibet, im Bezirk Sakya."

Das war es dann. Sie haben nicht wie erhofft die höchste Kette des Himalaja überquert, sondern nur ein kleineres Vorgebirge. Und sie wissen immer noch nicht, wen sie da eigentlich vor sich haben. Tashi steht mühsam auf und trottet der Frau hinterher. Sie überlegt keine Sekunde, ob die Frau ein Spitzel sein könnte und sie verraten würde. Sie hofft nur, dass die Frau in einer Hütte lebt, in der es ein bisschen warm ist. Alles andere ist ihr egal. Die Frau bemerkt, dass der Junge zögert. „Du brauchst keine Angst vor mir zu haben. Ich will euch helfen."

Tenzin entscheidet, ihr zu glauben. Was soll er auch sonst machen?

Wenn sie ein Spitzel ist, dann wird sie uns auf alle Fälle verraten, egal, ob wir mitkommen oder nicht.

„Ich heiße Meto", sagt die Frau, als die drei auf der kleinen Almwiese ankommen, wo ihre winzige Hütte steht. Die Hütte ist aus aufeinandergeschichteten Steinen gebaut und für Tashi und Tenzin sieht sie wie eine Ruine aus. Es gibt nur einen kleinen Raum. Aber es ist viel wärmer als draußen, das ist die Hauptsache. Meto entfacht ein Feuer. Dann zeigt sie auf die Pritsche, außer einer Holzkiste der einzige Einrichtungsgegenstand. „Dort kannst du dich ausruhen."

Tashi nickt dankbar, legt sich hin und schläft sofort.

„Wohnst du hier allein?", will Tenzin wissen.

„Ja, seit mein Mann vor acht Jahren gestorben ist."

Meto reicht Tenzin eine Schale Buttertee. Der heiße Tee schmeckt herrlich. Endlich mal wieder etwas Warmes im Magen!

„Das Leben hier ist nicht einfach", fährt Meto fort. „Ich muss alles allein machen. Auf die Schafe aufpassen, Butter machen. Manchmal ziehen hier Nomaden vorbei und kaufen mir Schafe ab. Ganz, ganz selten geh ich nach Tingri …"

„… nach Tingri?", unterbricht Tenzin. „Ist das denn weit von hier?"

„Ein paar Tagesmärsche", sagt die Alte. „In meinem Alter ist das kein Vergnügen mehr, so weit zu laufen. Ihr würdet es vielleicht in drei Tagen schaffen, aber ich brauche fast eine Woche dafür."

Tenzin weiß nicht, ob er weinen oder lachen soll. Ein paar Tagesmärsche bis Tingri, von dort sind es ungefähr noch hundert Kilometer bis zur Grenze nach Nepal. Daran kann sich der Junge genau erinnern. Im Kloster hat er nämlich auf die Landkarten gestarrt und gedacht: Wenn wir in Tingri sind, dann haben wir den größten Teil der Strecke geschafft. Aber der gefürchtete Nangpa-La-Pass liegt erst hinter Tingri. Diesen 5700 Meter hohen Pass müssen sie erst noch überwinden. Wieder Wind, Kälte, Schnee, Gletscher … wieder frieren. Tenzin spürt seinen pochenden Fuß.

„Deine Schwester ist sehr erschöpft", fährt Meto mit der Unterhaltung fort und reißt den Jungen aus seinen düsteren Gedanken.

Tenzin nickt. In der gemütlichen Wärme überfällt auch ihn eine bleierne Müdigkeit. Er sitzt auf dem Hocker, sein Kopf fällt nach vorne, schon ist er eingeschlafen. Die alte Meto lächelt, steht dann ächzend auf und hält nach den Schafen Ausschau.

Durch einen heftigen Schmerz wird Tenzin geweckt. Die Zehen seines rechten Fußes schmerzen so sehr, dass Tenzin an nichts anderes denken kann. Er zieht den Schuh aus und streckt den Fuß ans Feuer, aber das nützt nichts. Die Kälte kann an den Schmerzen nicht schuld sein. Der Fuß ist warm. Aber was ist es dann? Er versucht, sich abzulenken. Erst wiederholt er die Stationen auf dem Weg nach Nepal, dann spricht er die nepalesischen Sätze, die er von Tsering gelernt hat, leise vor sich hin: „Wir sind Nomadenkinder. Unsere Eltern haben uns vorausgeschickt, um neue Weideplätze zu suchen. Wisst ihr, wo wir eine gute Weide finden können?" Doch auch diese Ablenkung nützt Tenzin nicht viel. Die Schmerzen sind immer noch da.

Tashi schläft zwanzig Stunden am Stück. Als sie aufwacht, fühlt sie sich besser.

„Hast du Hunger?"

„Ein bisschen." Das Mädchen trinkt erst mal sieben Tassen Buttertee. Dann reicht ihr Meto eine Schale mit Tsampa und getrocknetem Schaffleisch. Obendrauf schmilzt ein kleines Stück Butter. Tashi strahlt die alte Frau an.

„Das ist ein Festessen", sagt sie begeistert und beginnt, gierig zu essen.

„Nicht so schnell, Mädchen. Niemand nimmt dir das Essen weg", mahnt Meto.

Tashi schaut etwas verlegen von ihrer Essschale auf, grinst und schaufelt weiter, allerdings ein klein wenig langsamer. Nach dem Essen reibt sie sich den Bauch und lässt sich erschöpft auf die Pritsche plumpsen.

Meto kichert. „Deine Schwester scheint sich hier wohl zu fühlen", meint die alte Frau zu Tenzin.

Der nickt. So kaputt hat er Tashi noch nie gesehen. Er selbst nimmt die Decken und sucht sich ein Plätzchen neben dem Feuer. Einschlafen kann er allerdings nicht. Der Schmerz in seinen Zehen meldet sich wieder. Es pocht, zieht und klopft.

Kurze Zeit später hört er Tashi stöhnen. Das Mädchen wirft sich von einer Seite auf die andere. Träumt sie? Soll ich sie wecken? Noch während Tenzin überlegt, setzt sich seine Schwester mühsam auf die Bettkante. Unter ihrem Sonnenbrand ist sie kreidebleich. Tashi würgt. Dann schlurft sie, so schnell sie kann, zur Tür. Draußen übergibt sie sich. Völlig erledigt legt sie sich wieder auf die Pritsche.

„Geht's wieder?", fragt Meto besorgt.

Tashi versucht zu nicken. Aber so richtig glaubt man es ihr nicht. Wenig später wiederholt sich das Ganze. Mindestens neunmal muss Tashi raus. Sie ist so erschöpft, dass sie die paar Meter von der Pritsche bis zur Tür kaum noch schafft. Darum schieben Meto und Tenzin das schmale Bett neben die Tür. So muss Tashi nur noch aufstehen und zwei Schritte bis zur Tür schlurfen. Auch Meto und Tenzin machen in dieser Nacht kein Auge zu.

„Was kann das sein?", fragt Tenzin sehr besorgt. „Kommt das vom Essen?"

„Das glaube ich nicht", antwortet Meto. „Da kommt wahrscheinlich alles zusammen: die Erschöpfung, die dünne Luft, womöglich hat sie auch einen Sonnenstich abgekriegt. Die kleine Tashi und du habt in den letzten Wochen Unglaubliches geleistet. Ihr wart alleine im hohen Gebirge unterwegs. Ihr habt viel erlebt und oft Angst gehabt. Trotzdem musstet ihr stark sein. Wahrscheinlich war das zu viel für deine Schwester."

Tenzin zeigt Meto das Foto vom Dalai-Lama. Die schaut es lange an, lässt ihre Finger immer wieder über sein Gesicht gleiten.

„Wo der Dalai-Lama ist, da ist Tibet", sagt sie, und Tenzin freut sich, dass die alte Frau diesen Spruch kennt.

Tashi erholt sich nur langsam. Schon immer war das Mädchen schlank, doch nun ist es ganz dürr. Das wenige Essen und die Anstrengung haben Tashi mehr geschwächt als ihren Bruder. Nach fünf Tagen steht sie zum ersten Mal wieder auf. Vorsichtig läuft sie ein wenig hin und her, dann setzt sie sich vor die Hütte. Die Sonne scheint, es ist windstill. Tashi kann wieder lächeln. Sie fühlt sich schwach, trotzdem glaubt sie, dass es ihr bald besser gehen wird.

„Hallo, wer seid ihr denn?" An Tashis Bein schnüffeln drei kleine schwarze Welpen. Das Mädchen lächelt und streichelt die winzigen Hunde. Zwei schmiegen sich genießerisch an sie. Der dritte knabbert lieber an Tashis Hand und zwickt sie leicht. „Ihr seid ja süß", ruft sie begeistert aus und albert mit den Kleinen herum. Komisch, dass sie mir nicht schon früher aufgefallen sind, wundert sich Tashi. Sie muss wirklich sehr, sehr erschöpft gewesen sein.

Ein paar Minuten später stehen Meto und Tenzin vor der Hütte. Tenzin hat Meto bei den Schafen geholfen. Mit Schafen kennt er sich ja bestens aus, und er ist froh, dass er sich endlich auch einmal nützlich machen kann. So viele Menschen haben ihnen schon geholfen und bis jetzt konnten sie nie etwas zurückgeben.

„Wo kommt ihr denn her?", fragt Tashi. Sie hat sich gewundert, dass niemand in der Hütte war, als sie aufgewacht ist.

Tenzin erzählt stolz von seiner neuen Aufgabe.

„Die schwarzen Wollknäuel, die du gerade streichelst, das sind die Kinder von den Hunden, die auf die Schafe aufpassen", fügt der Junge hinzu.

Tashi wundert sich immer noch, dass sie von all dem nichts mitbekommen hat. Sie hat auch nicht gemerkt, dass Tenzin und Meto ihr immer wieder Tee eingeflößt haben, dass Tenzin sie oft gestreichelt hat, ihr das Foto in die Hand gelegt und Geschichten erzählt hat. Tashi weiß auch nicht, dass ihr Bruder furchtbare Angst um sie hatte, dass er nachts ihren Atemzügen gelauscht hat.

Sie hat auch nicht bemerkt, dass ihr Gesicht mit Yakbutter eingecremt wurde, damit sich die Haut von dem starken Sonnenbrand erholen kann. Tashi hat keine Ahnung davon, dass sich Tenzin um seine Schwester mehr Sorgen gemacht hat als um die Schmerzen in seinem rechten Fuß. Tashi hat nur geschlafen, stark geschwitzt und wirres Zeug geträumt. Aber nun fühlt sie sich mit jeder Minute besser.

„Tenzin, wann gehen wir weiter?"

Der Junge lacht erleichtert. „Na, mit dir scheint's aufwärts zu gehen. Aber mit so einem Klappergestell wie du es bist, möchte ich nicht nach Indien. Ich will nicht, dass du gleich wieder zusammenklappst."

Tashi streckt ihrem Bruder die Zunge raus. „Ich bin kein Klappergestell!"

„Ha, dann schau dich doch mal an. Deine Hosen schlabbern. Sie rutschen beinahe von alleine runter. Und im Anorak hat noch eine zweite Tashi Platz", meint Tenzin. Bei der Vorstellung müssen beide lachen.

Meto, die gerade mit zwei Schalen Buttertee aus der Hütte kommt, freut sich, dass es Tashi besser geht.

„Hier, damit du zu Kräften kommst." Sie reicht dem Mädchen eine Schale Tee.

„Tausend Dank, Meto. Was hätten wir nur ohne dich gemacht?", sagt Tashi und lächelt die alte Frau an.

„Ich find's schön, mal wieder Menschen um mich zu haben. Und dann noch so einen tüchtigen Jungen." Sie streichelt Tenzin sanft über die Wange, und er läuft knallrot an. „Seid meine Gäste, so lange ihr wollt."

Tashi wird täglich kräftiger. Sie hilft Meto beim Wasserholen und Buttermachen. Tenzin hütet die Schafe, abends spielen sie mit den Hundewelpen. Die Kinder kicken begeistert mit dem Stoffball. Sogar Meto schießt den Ball manchmal gegen die Hüttenwand. Und die Welpen rennen fiepend dazwischen.

Abends erzählen sie der Alten von ihrer Familie, sie erzählen Geschichten aus ihrem Dorf, vom Großvater, aber auch von Li, vom Lehrer Wang und von den Mönchen. Wenn die Zwillinge an ihre Familie denken, überfällt sie das Heimweh. Manchmal tut das so weh wie Tenzins schmerzende Zehen. Wenn sie doch wenigstens wüssten, wie es den Eltern, ihrem Bruder und Großvater geht. Ob Lobsang sehr traurig ist, dass er die Schafe hüten muss? Ob der Großvater gesund ist? Ob die Eltern Ärger bekommen haben, weil ihre Kinder nicht mehr da sind? Was wohl ihre Freunde sagen? Je länger sie darüber nachdenken, umso heftiger sticht der Schmerz in der Brust. Ach, warum können sie nicht alle hier sein? Hier, in Metos winziger Hütte. Das ist mit das Schönste, was sich Tashi und Tenzin vorstellen können. Nachts schläft Tashi jetzt neben ihrem Bruder am Feuer. Sie möchte nicht länger den Schlafplatz der alten Meto in Anspruch nehmen.

Die Schmerzen in Tenzins Fuß sind inzwischen verschwunden. Manchmal spürt er noch ein leichtes Ziehen und Zwicken. Aber kein Vergleich zu dem, was er die letzten Tage aushalten musste.

Nomaden auf der Durchreise

Tashi schmust mit den drei schwarzen Welpen. Das Mädchen ist ganz vernarrt in die Hunde. Alle sind schwarz, nur der Kleinste hat ein weißes Ohr. Tashi würde ihn am liebsten mitnehmen. Als der Kleine Tashi gerade in den Finger zwickt und sie zur Strafe schon loslegen will, das Wollknäuel zu kitzeln, hört sie plötzlich ungewohnte Laute. Pfeifen und das Getrappel von vielen Beinen. Tashi lauscht. Aufgeregt rennt das Mädchen hinter die Hütte und staunt nicht schlecht. Keine dreihundert Meter entfernt sieht sie eine riesige Schafherde.

„Komisch, Tenzin ist doch mit den Schafen auf der anderen Seite", sagt sie laut zu sich. Dann entdeckt Tashi die großen, dunklen Yaks, die vollbepackt sind – und Menschen.

Schnell verstecken, ist ihr erster Gedanke. Schon dreht sie sich um und will losrennen. Aber warum? Das sind doch ganz normale Hirten, die mit ihren Schafen durch die Berge ziehen. Unwahrscheinlich, dass dem Mädchen von ihnen Gefahr droht.

Tashi bleibt stehen. Sie möchte die Nomaden begrüßen, die mit ihren Zelten von Ort zu Ort ziehen. Wenn die Wiesen abgeweidet sind, packen sie ihre Sachen zusammen, schnüren alles auf die Rücken der Yaks und ziehen weiter. Diese Yaks sind fantastische Tiere, ihr langes, zotteliges Fell schützt sie im kalten tibetischen Winter. Ihre langen Hörner lassen sie bedrohlich aussehen. Sie sind stark und können jede Menge Lasten schleppen. Außerdem geben die Yakkühe Milch, die zu Butter, Käse und Jogurt verarbeitet wird.

Die Butter spielt bei den Tibetern eine besonders wichtige Rolle. Mit Butter wird der salzige Buttertee hergestellt. Mit Butter werden Lampen befeuchtet. Die Kleider werden damit eingerieben, sodass sie fast kein Wasser mehr durchlassen. Und mit Butter reiben sich die Nomaden ihre Gesichter ein, damit sie keinen Sonnenbrand bekommen.

Die Yaks liefern Fleisch und sind Lasttiere, auf denen man auch reiten kann. Aus ihrem Zottelhaar werden

Seile, Säcke, Teppiche und manchmal sogar Zelte gefertigt. Yaks braucht man für fast alles. Das begehrteste Erzeugnis hier oben ist jedoch ihr Mist. Der wird fleißig gesammelt, getrocknet und dann zum Feuermachen verwendet. Denn Feuerholz ist im Himalaja Mangelware.

Tashi findet die Ankunft der Nomaden sehr aufregend. Ein paar Minuten später steht sie inmitten der Schafherde.

„Wer bist du denn?", fragt sie ein Mann, der einen langen Steppmantel trägt und seine Wollmütze tief ins Gesicht gezogen hat, sodass Tashi seine Augen kaum sehen kann. „Dich hab ich hier oben noch nie gesehen."

„Ich heiße Tashi. Und du?"

Der Nomade lacht, antwortet ihr nicht, sondern fragt: „Wo ist Meto?"

„Nicht hier", gibt Tashi zu verstehen.

Sie kann es nicht leiden, wenn sie auf ihre Frage keine Antwort bekommt.

„Du bist nicht gerade gesprächig", meint der Mann und lacht wieder.

„Doch", sagt Tashi nur, dann muss sie auch lachen.

„Wir wollen von Meto ein paar Schafe kaufen."

Gemeinsam gehen sie zur Hütte und setzen sich an einem windstillen Platz in die Sonne.

„Ich bin Gedun", fängt der Mann zu erzählen an. „Ich bin mit Gyen und unseren Frauen auf dem Weg nach Tingri. Dort wollen wir Schafe verkaufen."

Tingri! Hat sie richtig gehört? Tashis Augen werden groß. Tingri, das ist genau ihre Strecke.

Das Mädchen schluckt mehrmals hintereinander. Vor Aufregung kann sie nicht sprechen.

„Die Frauen kümmern sich um die Zelte und Gyen schaut nach den Schafen", erzählt Gedun unbekümmert weiter. „Ist Meto bei den Schafen?"

„Nein, sie ist am See", erwidert Tashi, die langsam gesprächiger wird. „Tenzin ist bei den Schafen."

„Tenzin? Wer ist das denn schon wieder? Hat Meto auf ihre alten Tage noch einmal geheiratet?"

„Nein, das ist mein Bruder." Plötzlich fällt ihr ein, dass sie ja ihre Rolle als Gastgeberin erfüllen muss. Es ist unhöflich, einfach so dazusitzen und einem Gast nichts anzubieten.

„Möchtest du Tee?"

Gedun nickt. „Gerne."

Als Tashi mit einer Schale dampfendem Buttertee zurückkommt, liegt Gedun auf dem Boden und spielt mit den Hunden. Der Welpe mit dem weißen Ohr leckt das Gesicht des Nomaden. Der lacht dabei schallend.

„Autsch!", ruft Gedun. Der Hund hat ihn in die Nase gezwickt.

Tashi lacht ebenfalls. „Der zwickt ständig."

„Warum bist du mit deinem Bruder hier?", fragt Gedun unvermittelt.

Tashi beißt sich auf die Lippen. Sie findet den Nomaden zwar nett. Doch seit sie auf der Flucht ist, ist sie sehr misstrauisch geworden. Kann sie dem Fremden trauen?

Kann sie ihm einfach von der Flucht erzählen? Tashi beschließt, auf Nummer sicher zu gehen. Sie antwortet erst einmal nicht.

„Willst du noch Tee?", fragt sie stattdessen.

Gedun nickt und lächelt sie an. Er scheint zu verstehen, dass das Mädchen nichts verraten möchte. Er kann sich sowieso denken, warum sie hier in den Bergen ist. Leute, die nicht hierher gehören, sind entweder Spitzel oder Flüchtlinge. Und wie eine Schnüfflerin im Auftrag der chinesischen Armee sieht das Mädchen nun wirklich nicht aus.

Meto und die anderen Besucher kommen zur Hütte. Sie scheinen die alte Frau gut zu kennen. Alle begrüßen sich herzlich. Tashi kocht noch mehr Buttertee.

„Und wer bist du?", fragt eine der Nomadenfrauen, als Tashi ihr Tee eingießt.

„Tashi. Ich heiße Tashi." Die Frau gefällt ihr. Sie erinnert das Mädchen ein wenig an Kelsangs Mutter.

„Was machst du hier?"

„Tashi ruht sich bei mir aus", mischt sich Meto ins Gespräch ein. „Sie kam völlig erschöpft hier an."

„Aber jetzt geht es mir schon wieder viel besser", fügt das Mädchen hinzu.

„Von wo kommst du denn?"

„Von weit her. Aus Dubehi", antwortet Tashi.

Die Nomaden schauen sich an und ziehen die Stirn in Falten. Dubehi – nie gehört.

„Das muss wirklich sehr weit weg sein. Und du bist den ganzen Weg allein hierher gekommen?"

„Nein, mit Tenzin."

Als ob er nur auf sein Stichwort gewartet hätte, ertönt ein lauter Pfiff und der Junge kommt winkend angerannt.

„Was ist denn hier los?", ruft er außer Atem.

„Tenzin, wir haben Besuch", sagt die alte Meto.

„Sind das eure Schafe?", will der Junge interessiert wissen. „Und ist das euer Zelt?"

Die Nomaden nicken. „Wir wollen in Tingri Schafe verkaufen", sagt die nette Frau.

Tenzin starrt zu Tashi, die nickt kaum merklich. Wenn sie mit den Nomaden nach Tingri ziehen dürften, wäre die Etappe viel einfacher. Doch sie können nicht einfach fragen, ob sie mitkommen dürfen, das verbietet ihre Tradition. Sie müssen auf eine Einladung warten.

Deshalb meint Tashi nur beiläufig: „Nach Tingri, dahin wollen wir auch."

„Jedes Jahr verkaufen sie in Tingri auch ein paar von meinen Schafen", erklärt Meto. „Morgen musst du mir helfen, die richtigen Schafe auszusuchen."

„Aber erst morgen. Heute Abend wollen wir feiern und nicht über Sorgen und Probleme reden", sagt Gedun. „Ihr seid alle in unser Zelt eingeladen."

Das lassen sich die Zwillinge nicht zweimal sagen. Neugierig bestaunen sie das Zelt der Nomaden. Es besteht aus Yakhaut und schmiegt sich in den Windschatten einer Felswand. Während Gedun mit Tashi Tee getrunken hat, haben die anderen drei das Zelt aufgebaut.

Die Kinder kriechen durch die niedrige Zeltöffnung. Weil sie von der Helligkeit draußen in die Dunkelheit des Zeltes kommen, können sie zuerst fast nichts erkennen. Nur das Feuer, das in der Mitte brennt.

„Setzt euch dort hin", sagt Gedun und deutet auf zwei Schaffelle.

So langsam gewöhnen sich ihre Augen an die Dunkelheit. Auf dem Feuer steht ein Kessel. Es riecht nach Buttertee. Daneben brät Diskit, so heißt die Frau, die Kelsangs Mutter ähnlich sieht, Fleisch an. Und Sangmo bereitet den Tsampabrei vor. Es duftet herrlich nach Essen, nach Yak, nach den Fellen, nach Buttertee und auch nach Tschang, dem tibetischen Bier.

Die Nomaden sitzen um die Feuerstelle, wo es am wärmsten ist. An der Zeltwand stapelt sich ihre gesamte Habe, die mit selbst gemachten Wolldecken abgedeckt ist. Tenzin kann sich lebhaft vorstellen, dass darunter schwere Winterkleider liegen, Vorräte und auch die Decken für die Nacht. Alle vier schlafen, essen, wohnen in dem großen, etwas unförmigen Zelt. Aber eigentlich halten sie sich nur abends und nachts darin auf. Tagsüber melken sie die Ziegen, scheren die Schafe, stampfen Butter, bessern ihre Kleider aus, holen Wasser, schlachten Tiere – oder ziehen weiter. Wenigstens im Sommer. Im Winter allerdings, wenn der Wind über die Ebenen bläst, ist das Zelt ein vorzüglicher Schutz gegen Schnee und Wind. Die Nomaden verlassen es dann nur, wenn es unbedingt sein muss.

Im Herbst ziehen die Nomaden in die Täler und bauen dort ihre Zelte auf. Dann leben sie von den Vorräten, die sie im Sommer angelegt haben.

„Habt ihr keine Kinder?", fragt Tashi neugierig.

Diskit schüttelt traurig den Kopf. Tashi spürt, dass sie ein unangenehmes Thema angesprochen hat. Sie fragt nicht weiter.

„Seid ihr Brüder?", will sie stattdessen wissen und deutet auf Gedun und Gyen.

„Ja, wir sind sogar Zwillinge. Wir wollen uns nicht trennen, darum leben wir mit unseren Frauen in einem Zelt", antwortet Gyen.

„Wir sind auch Zwillinge", platzt Tenzin hervor.

„Das sieht man aber nicht", sagt Diskit lachend und reicht den Tee. Tenzin seufzt. Sie hätte ihn nicht daran erinnern müssen, dass er kleiner ist als seine Schwester.

Das Nomadenfest

Endlich kommt Meto ins Zelt. Die alte Frau hat Mühe, durch den niedrigen Eingang zu schlüpfen. Sie stöhnt und ächzt. Als sie endlich sitzt, schaut sie jeden von ihnen mit leuchtenden Augen an. „Ich hab euch etwas mitgebracht."

„Oh, was denn?", rufen Diskit und die Kinder wie aus einem Mund. Sie kichern vor Neugier.

Meto grinst und holt ein paar getrocknete Fladen Yakmist hervor.

„Yakdung", ruft Tenzin ein bisschen enttäuscht. Auch Tashi und Diskit haben sich was anderes vorgestellt. Aber Sangmo nimmt die Fladen begeistert entgegen. Die Frau, die bisher noch kein Wort gesagt hat, scheint sich tatsächlich zu freuen, als ob Meto ihr einen Goldschatz überreicht hätte. „Vielen Dank, Meto. Den Yakdung können wir gut gebrauchen. Ich hätte heute die Fladen sammeln müssen, aber ich hab's einfach vergessen. Unser Brennmaterial ist fast schon aus", gesteht sie.

„Du hast es vergessen?", ruft Diskit entsetzt. „So etwas Wichtiges darf man nicht vergessen! Niemals! Du mit deiner blöden Träumerei."

Sangmo zuckt mit den Schultern und lächelt Meto an. Spannung liegt in der Luft. Die Kinder merken deutlich, dass sich die beiden Schwägerinnen nicht ausstehen können und dass die stille Sangmo gegen die energische Diskit wahrscheinlich oft nichts ausrichten kann.

„Dank Meto reicht der Dung für heute Abend", versucht Gedun seine Frau zu besänftigen. Er kennt diese ewigen Streitereien und will nicht, dass die gute Stimmung verdorben wird.

„So, und jetzt zeige ich euch, was ich euch wirklich mitgebracht habe", beschwichtigt die alte Meto die Streitenden. Tashi und Tenzin schauen gebannt zu der Alten. Sie kramt in den Taschen ihrer schweren, bunten Wollschürze, dann zieht sie vier Amulette hervor. „Die sollen euch vor bösen Träumen schützen und vor Räubern und wilden Tieren." Meto gibt Tenzin und Tashi einen Talisman und jeweils einen an die Nomadenpaare.

„Danke Meto, tausend Dank." Tashi ist aufgesprungen und fällt der Alten um den Hals.

„Schon gut, meine Kleine. Dein Amulett soll dich vor dem Abmagern beschützen." Tashi schluckt.

Tenzin schaut sich sein Geschenk genau an. An einem dünnen roten Stoffband baumelt ein Anhänger, der im Schein des Feuers silbern glänzt. Darauf ist ein kleiner Vogel mit einem langen, spitzen Schnabel zu erkennen. Seltsam, der Vogel hat eine Beule auf der Stirn sitzen, nein, es ist eher ein Horn, wie bei einem Nashorn. Der Vogel sieht wunderlich aus, angriffsbereit, aber auch freundlich und lustig. Ja, das Amulett würde sie beschützen, genauso wie …

„Ich hab auch etwas Wunderschönes", sagt der Junge unvermittelt und zieht das Foto des Dalai-Lama aus der Tasche. Dann hält er sich die Hand vor den Mund, als hätte er sich verplappert.

„Was ist es?", will Gedun wissen.

„Meinst du das Foto?", fragt ihn Tashi. „Ja, das musst du unbedingt zeigen."

Alle schauen ihn neugierig an. Ganz langsam öffnet der Junge die Hand, schaut den lächelnden Mönch an und reicht es Meto. Sie hat diese Aufnahme schon oft gesehen, trotzdem leuchten ihre Augen. Verzückt schaut sie auf das Bild.

„Seine Heiligkeit der Dalai-Lama, seine Heiligkeit der Dalai-Lama ...", murmelt sie. Das Foto wird herumgereicht. Alle freuen sich.

„Wo der Dalai-Lama ist, da ist Tibet", sagt Tenzin seinen Lieblingsspruch.

„Mensch, Sangmo, pass doch auf", ruft Diskit genervt in die feierliche Stimmung hinein. Die junge Frau war so in den Anblick des Dalai-Lama vertieft, dass sie vergessen hat, sich um das Fleisch zu kümmern. Es riecht ziemlich angebrannt. „Du bist zu nichts zu gebrauchen", zischt Diskit wütend.

„Ist doch nichts passiert", meint Meto mit ruhiger Stimme. Sie beugt sich vor und gießt etwas Milch zu dem Fleisch. „Gleich schmeckt es wunderbar."

Das Essen ist gerettet. Zusammen mit dem Tsampa und etwas Butter wird das Schaffleisch zu einem wahren Festmahl.

„Ich glaube, es ist toll, ein Nomade zu sein", sagt der Junge, als er pappsatt ist. Die anderen lachen.

Dann wird das Geschirr weggeräumt. Morgen werden die Frauen den Wasservorrat auffüllen und spülen. Heute Abend wird gefeiert. Gyen dreht sich zur Zeltwand und mit einem sicheren Griff unter die Decken holt er ein Tamburin hervor. Gyen schlägt auf das Instrument und beginnt zu singen. Alle anderen klatschen den Takt und stimmen mit ein. Sie wiegen sich im Rhythmus der Musik.

Immer schneller trommelt Gyen auf dem Tamburin. Plötzlich hört er auf. Alle sind still. „Ich erzähle euch jetzt eine Geistergeschichte." Gyen ist ein ausgezeichneter Geschichtenerzähler. Er spricht leise. Alle schauen den Mann gebannt an. „Tack, tack, tock – so klingt es, wenn der Berggeist von seinem Gipfel herabsteigt. Mit einem langen, schweren Stock schlägt der Berggeist unentwegt auf das Eis. Er sieht Furcht erregend aus mit seiner wirren, zotteligen Mähne. Sein Gesicht ist mit tiefen Narben übersät. Er hinkt und schleift das linke Bein hinter sich her. Tack, tack, tock …"

Tashi schaudert. Im Schein des flackernden Feuers könnte man glatt Gyen selbst für diesen Berggeist halten. Sie schmiegt sich ganz eng an Meto. Die Zwillinge mussten so viele Gefahren bestehen, aber hier, in der Wärme und Geborgenheit des Nomadenzeltes, zittern sie wegen einer Gruselgeschichte. Ihre Fantasie malt sich schreckliche Berggeistbilder aus.

„Tack, tack, tock, der Berggeist braucht ein Opfer.

Das musste er dem schwarzen Dämon versprechen, damit er ihn aus der Gefangenschaft in der engen Felshöhle entlässt. Tack, tack, tock, der Berggeist sucht, aber nicht irgendjemand wird sein Opfer sein. Der Berggeist sucht jemand Bestimmtes. Tack, tack, tock, gleich ist er bei uns. Und dann wird das Grauen zur Gewissheit …"

Tashi schlägt die Hände vors Gesicht. Der Atem der Frauen geht schnell.

„Tack, tack, tock …"

„Jetzt hör aber mal auf", unterbricht Meto den Geschichtenerzähler energisch. „Siehst du denn nicht, dass die Kinder Angst haben." Sie streichelt Tashi übers Haar und lächelt Tenzin aufmunternd zu. „Ihr müsst euch vor Gyens Berggeistern nicht fürchten. Denkt doch an das Amulett, das beschützt euch auch vor Gyens Tack-Tack-Tocks. Solche albernen Berggeister, die so einen Krach machen, gibt es sowieso nicht."

„Heißt das, dass die Geister ganz still und unbemerkt kommen?", will Tenzin mit zitternder Stimme wissen.

„Unsinn, das heißt, dass es hier überhaupt keine Geister gibt", erwidert Meto.

„Bist du dir da so sicher?", fragt Sangmo skeptisch. Wie viele Tibeter glaubt auch sie an allerlei Geister.

„Ganz sicher", sagt Meto. Die alte Frau wundert sich, wie erwachsene Menschen an so einen Hokuspokus glauben können. Sie hat schon so oft versucht, ihren Freunden zu erklären, dass es keine Geister gibt. Es ist hoffnungslos, sie kann sie nicht überzeugen.

Gedun, der die ganze Zeit schweigsam war, nimmt

das Tamburin. Er stimmt ein lustiges Lied an. Die anderen singen lauthals mit. Tenzin klatscht vor Begeisterung und lacht befreit auf. Er fühlt sich so wohl wie seit Wochen nicht mehr. Er fängt den strahlenden Blick seiner Schwester auf. Alles an Tashi scheint zu lachen: die Augen, der Mund. Die Kinder sind glücklich.

Spät am Abend verabschieden sie sich von den Nomaden. Kichernd haken sie sich bei Meto unter und starren in die sternenklare Nacht.

„Ist das schön", flüstert Tashi. Meto streicht ihr zärtlich über die Wange. Tenzin kneift die Augen zusammen und späht nach Sternschnuppen.

Auf nach Tingri

Am nächsten Morgen gehen Gedun, Meto und Tenzin zusammen zu den Schafen und suchen die Tiere aus, die in Tingri verkauft werden sollen. Es ist bitterkalt. Die Sonne hat die Ebene noch nicht erreicht. Den Schafen scheint es auch kalt zu sein. Dicht gedrängt stehen sie beieinander.

„Du kennst dich gut aus, Junge. Du weißt, worauf es bei Schafen ankommt", meint Gedun anerkennend, nachdem er Tenzin eine Weile beobachtet hat. Der Junge nickt und versucht, die ausgewählten Schafe vom Rest der Herde zu trennen.

„Sag mal", fährt Gedun fort, „hast du Lust, mit uns nach Tingri zu kommen? Wir könnten Hilfe gut gebrauchen."

Tenzin freut sich über die Einladung so, dass er nicht schaut, wohin er tritt. Beinahe rutscht er auf einer frischen Ladung Yakmist aus.

„Nach Tingri? Ja, das wäre toll. Aber Tashi muss auch mit. Ohne sie gehe ich keinen Schritt."

„Natürlich kommt Tashi mit", erwidert Gedun.

Tenzin ist schrecklich aufgeregt. Am liebsten würde er sofort zu seiner Schwester rennen und ihr die tolle Neuigkeit berichten. Aber erst muss die Arbeit erledigt werden.

„Wann wollt ihr denn aufbrechen?", fragt die alte Meto. Tenzin hat vor lauter Begeisterung nicht gesehen, dass das Lächeln auf dem Gesicht der alten Frau plötzlich erloschen ist. Wenn die Kinder weiterziehen, wird sie wieder einsam und allein sein.

„Wann wollt ihr aufbrechen?", wiederholt sie.

„Morgen oder übermorgen", überlegt Gedun.

Meto nickt nur und wischt sich verstohlen eine Träne weg.

„Weinst du, Meto?", fragt Tenzin, der die Träne gesehen hat.

„Nein, das ist nur dieser schreckliche Wind", schwindelt die Alte. Tenzin glaubt ihr kein Wort.

Endlich sind Metos Schafe, die mit nach Tingri kommen, von der Herde getrennt und mit einem roten Farbfleck markiert worden. Tenzin kann es kaum erwarten, Tashi die Neuigkeit zu erzählen. Er rennt voraus. Tashi schleppt gerade Wasser vom See heran.

„Stell dir vor, wir können mit Gedun und seinen Leuten nach Tingri. Sie wollen, dass ich auf die Schafe aufpasse."

Fast wäre dem Mädchen der Eimer aus den Händen geglitten. „Das ist ja herrlich!"

„Wunderbar, wir dürfen mit Gedun und den anderen nach Tingri reisen", wiederholt Tenzin langsam, indem er jedes Wort betont. „Fühlst du dich stark genug?", fragt er seine Schwester fürsorglich.

„Klar. Wenn wir mit den Nomaden reisen, wird es sowieso nicht so anstrengend. Dann übernachten wir im Nomadenzelt. Und wahrscheinlich gibt's auch nicht nur Tsampa zu essen …" Plötzlich sagt Tashi kein Wort mehr.

„Was ist los?"

„Du sollst Gedun bei den Schafen helfen. Aber was soll ich machen?"

„Du kannst doch den Frauen helfen. Beim Zeltaufbauen, Wasserholen und Kochen", schlägt Tenzin vor.

Tashi ist nicht gerade begeistert. Zuerst dachte sie, Diskit sei nett, aber nachdem sie Sangmo gestern Abend angeschnauzt hat, ist sich Tashi nicht mehr sicher. Sie hat keine Lust, sich tagelang die Streitereien der beiden anzuhören. Trotzdem will sie mit den Nomaden weiterziehen.

Die Stunden vergehen schnell. Meto erhält von Gedun Geld für die Schafe, viel wichtiger sind ihr aber Butter, Salz, Tsampa, ein neuer Spaten und dicker Wollstoff. Mit dem Geld kann sie hier oben in der Einöde nichts anfangen. Das nächste Dorf, in dem es einen kleinen Laden gibt, ist einen ganzen Tagesmarsch entfernt.

Die Zwillinge haben ihre Rucksäcke gepackt. Mit Tränen in den Augen liegen sie der alten Meto in den Armen. Der Abschied fällt allen drei schrecklich schwer. Tashi und Tenzin haben sich bei Meto wohl gefühlt, die Alte ist ihre Vertraute geworden.

„Ich möchte euch zum Abschied etwas schenken", sagt sie und schaut trotz ihrer Tränen geheimnisvoll drein.

„Was ist es?", rufen die Kinder wie aus einem Mund.

„Der da, der Freche." Meto hält ihnen den kleinen Hund entgegen.

Tashi klatscht vor Begeisterung in die Hände. „Toll, der Freche kommt mit uns mit", ruft sie.

„Noch etwas", sagt Meto und überreicht den Kindern einen Teil des Geldes, das sie von Gedun bekommen hat. „Ihr werdet es brauchen. Und ich kann hier nichts damit anfangen."

„Danke, Meto, danke, du bist die Beste!" Tenzin ist völlig aus dem Häuschen. „Jetzt haben wir ein echtes Wollknäuel und genug Geld, um nach Kathmandu zu kommen. Nun wird alles gut!"

„Ihr müsst gut auf ihn aufpassen und ihn erziehen. Er ist frech und jung", mahnt Meto.

„Darauf kannst du dich verlassen. Ganz bestimmt", sagt Tenzin sofort.

Der Abschied lässt sich nicht länger hinauszögern.

„Meto, ich werde dich nie vergessen. Ohne dich wäre ich jetzt sicherlich tot", flüstert Tashi. Das Sprechen fällt schwer. „Der Freche wird uns immer an dich erinnern. Und mit dem Geld werden wir sorgsam umgehen. Auf Wiedersehen, liebe Großmutter."

Meto schluchzt. „So etwas Schönes habe ich schon lange nicht mehr gehört, Tashi." Meto wollte immer Kinder und Enkelkinder, aber leider, leider ist dieser Wunsch nie in Erfüllung gegangen. „Auf Wiedersehen, Enkelin. Auch ich werde dich nie vergessen."

Tenzin drückt seine tränennasse Wange an die von

Meto. „Ich sorge dafür, dass es dem Hund und den Schafen gut geht", sagt er, um irgendetwas Tröstendes zu sagen. „Danke, danke, danke, Meto."

„Du bist ein guter Schäfer, Tenzin. Ich weiß, dass die Tiere bei dir gut aufgehoben sind. Ich wünsche dir, dass du in Indien das findest, was du suchst."

Die Kinder müssen sich beeilen, denn die Nomaden sind mit all ihrer Habe schon vor einer Viertelstunde aufgebrochen. Ein Pfiff ertönt, Gedun scheint ungeduldig auf seinen neuen Hirten zu warten. Die zwei küssen Meto ein letztes Mal. Tenzin schnappt sich den kleinen Hund. Dann rennen sie los. Nicht ohne sich alle paar Meter umzudrehen und der alten Frau zuzuwinken. Meto steht allein vor der kleinen Hütte.

Arme Meto, denkt Tashi beim Rennen. Jetzt ist sie wieder allein. Hoffentlich trösten die beiden anderen Welpen sie ein wenig. Aber Tashi weiß, dass Hunde kein Ersatz für liebe Menschen sind.

Wie soll der Hund heißen?

„Schaut mal, was uns Meto zum Abschied geschenkt hat", ruft Tashi und zeigt auf das schwarze Wollknäuel.

„Ist der süß", meint Sangmo entzückt.

„Ich kümmere mich nicht auch noch um den Hund. Das müsst ihr schon selbst tun", sagt Diskit mit eisiger Stimme und viel lauter als nötig. Sie hat mal wieder schlechte Laune. Natürlich erledigen das die Kinder selbst. Sie wollen überhaupt nicht, dass Diskit sich um ihren süßen Hund kümmert.

Tenzin macht sich gleich an die Arbeit. Die Schafherde muss zusammenbleiben. Tashi hat den kleinen Hund auf den Arm genommen und geht neben Sangmo her. Beide streicheln ihn abwechselnd. Das gefällt dem schwarzen Wollknäuel. Genüsslich leckt er Tashis Hand. Bei dem Mädchen fühlt sich das Hündchen sicher. Von dort traut er sich auch die großen Yaks anzubellen.

„Habt ihr schon einen Namen für den Kleinen?", will Sangmo wissen.

„Nein." Tashi überlegt eine Weile, dann meint sie: „Ich bin für Frecher. Frech ist er nämlich, und wie."

Sangmo nickt. Das ist ihr auch schon aufgefallen. Tashi schaut sich um. Sie durchwandern eine weite Ebene. Hier wächst Gras, über das sich die Tiere hermachen, und es ist ein ganzes Stück wärmer als oben bei

Meto. Nach ein paar Stunden Fußmarsch geht die Ebene in sanft geschwungene Hügel über. Dahinter türmen sich die hohen Berge des Himalaja. Tashi erinnert sich wieder genau an die Landkarte, die ihnen der Mönch gezeigt hat. Sie weiß, dass sie noch einmal über einen hohen Bergpass müssen. Allein die Erinnerung lässt sie frösteln. Bis sie etwas Feuchtes in ihrem Gesicht spürt. Tashi lacht. Den Hund auf ihrem Arm hatte sie fast vergessen. Doch der lässt das nicht zu. Immer wieder leckt er Tashi das Gesicht.

„Wird schon alles gut gehen, Frecher", redet sie auf ihn ein und hofft, dass sie Recht behalten wird.

Jetzt, wo der kleine Hund wieder ihre ganze Aufmerksamkeit hat, reibt er seine feuchte Schnauze an ihrem Anorak. „Na, dir scheint's ja gut zu gehen. Kein

Wunder, ich möchte auch jemanden haben, der mich trägt."

Tashi sucht ihren Bruder. Sie möchte dem Hund gerne einen Namen geben, aber Tenzin soll mit entscheiden, wie der kleine Schwarze heißen soll. Dort drüben, ein paar hundert Meter entfernt, ist Tenzin gerade mit einigen störrischen Schafen beschäftigt. Tashi winkt ihm zu, doch er nimmt keine Notiz von seiner Schwester. Also drückt Tashi den kleinen Hund fester an sich und rennt zum Bruder.

„Was gibt's denn?"

„Tenzin, das Hündchen braucht einen Namen."

„Mhm", stimmt der Junge zu. Doch er ist ganz auf die Schafe konzentriert.

„Hast du eine Idee?", will Tashi wissen.

„Was?"

„Ob du eine Idee hast, wie der kleine Hund heißen soll?", wiederholt sie.

„Eine Idee? Nein. Schlag du was vor."

Darauf hat Tashi nur gewartet. „Also ich bin für Frecher."

„In Ordnung", meint Tenzin nur und treibt die Schafe an.

Ist ihm anscheinend völlig egal, wie der Hund heißt, denkt sich Tashi. Um so besser, dann bleibt es eben bei „Frecher".

„Hilf mir, Dung zu sammeln", sagt Diskit, als das Mädchen wieder bei den Frauen angelangt ist. Diskits Tonfall klingt wie ein Befehl. Das kann Tashi überhaupt nicht ausstehen. Das Mädchen lässt „Frecher" laufen. Der hopst erst an ihr, dann an Diskit und dann an den Beinen der Yaks hoch. Doch weder die Frauen noch die Yaks achten auf den kleinen Hund. Darum beginnt er, mit seinem hohen Stimmchen wie wild zu bellen. Tashi und Sangmo lachen und halten nach Yakdung Ausschau. Diskit schnauzt den Hund an: „Halt das Maul, blödes Vieh!" Zum Glück ist „Frecher" in sicherer Entfernung, sonst hätte Diskit ihm vielleicht einen Fußtritt verpasst.

Tashi schaut zu Sangmo. „Ist die immer so?"

„Oft", antwortet Sangmo bedauernd.

„Was hat sie denn?"

Sangmo zuckt mit den Schultern. „Ich glaube, sie ist unzufrieden."

„Unzufrieden? Warum?"

„Ich schätze mal, sie ist unzufrieden, weil sie keine Kinder bekommt", flüstert Sangmo ihr zu.

Puh, das kann ja heiter werden! Tashi ist nicht gerade begeistert, dass sie mit der grantigen Diskit zusammenarbeiten muss.

Da hat es Tenzin natürlich viel besser. Gedun und Gyen sind wie immer bestens gelaunt. Oft hört man ihr übermütiges Lachen oder sie rufen den Frauen scherzhafte Bemerkungen herüber.

„Wie hältst du das nur aus?", fragt Tashi Sangmo.

Die zuckt wieder mit den Schultern. „Ich habe mich daran gewöhnt. Ich höre einfach nicht mehr hin. Aber eins ist toll: Diskit ist unglaublich fleißig. Sie arbeitet viel mehr als ich."

Trotzdem hofft Tashi, dass sie auf dem Weg nach Tingri keinen Streit mit Diskit bekommt.

Sobald die Nomaden einen Rastplatz gefunden haben, beginnt für die Frauen die Hauptarbeit. Sie bauen das Zelt auf, laden ihre Sachen von den Yaks und schleppen alles ins Zelt. Während Sangmo die letzten Habseligkeiten hineinträgt, ist Diskit bereits mit dem Kochen beschäftigt. Tashi wird zum Wasserholen geschickt.

Wenn die Tiere versorgt sind, kommen die Männer ins Zelt, dann gibt es erst mal für alle eine Schale Buttertee. Innerhalb weniger Sekunden sind die Schalen leer. Alle wollen Nachschub. Kein Problem, denn in einem riesigen Kessel dampft der salzige Tee, der stärkt und wärmt.

„Schau mal, Frecher ist bereits eingeschlafen", flüstert Tashi ihrem Bruder zu.

„Wie heißt der Hund?"

„Frecher, so wie du es wolltest", antwortet Tashi.

„Das ist ja ein fürchterlicher Name", entgegnet Tenzin stirnrunzelnd.

Tashi funkelt ihren Bruder zornig an. „Das hättest du heute Mittag schon sagen müssen. Ich hab dich extra gefragt. Selbst schuld!" Das Mädchen streichelt das Hündchen, das im Schlaf leise Töne von sich gibt, die sich fast anhören wie das Schnurren einer Katze.

„Alles klar?", mischt sich Gedun in den Streit ein.

„Nein, nichts ist klar. Tenzin ist einfach blöd", ruft Tashi stinksauer.

Gedun kichert. „Warum denn?"

Tashi erzählt ihm die Geschichte.

„Tja Tenzin, du hättest zuhören sollen."

„Ich war so mit den störrischen Schafen beschäftigt, die nicht mehr weiterziehen wollten. Da kann ich mir doch keinen Hundenamen überlegen", verteidigt sich der Junge.

„Aber du hast gesagt, er soll ‚Frecher' heißen", erwidert Tashi trotzig.

„Da hat Tashi Recht", versucht Gedun zu vermitteln. „Aber findest du nicht auch, dass ‚Frecher' kein besonders gelungener Name für diesen süßen kleinen Hund ist?"

„Egal, jetzt heißt er eben so." Tashi wird zickig.

„Was für einen Namen würdest du ihm denn geben?", erkundigt sich Gedun bei Tenzin.

„Hm", der Junge überlegt eine Weile und schaut dabei unentwegt auf das friedlich schlafende Hündchen. „Wollknäuel. Ich würde ihn Wollknäuel nennen. Er sieht doch so wuschelig aus. Wenn er sich zusammenrollt, ist er ein richtiges Wollknäuel."

Der Hund wackelt im Schlaf mit den Ohren, so als ob er das Gespräch belauschen würde.

„Wollknäuel, der Name gefällt mir", ruft Gedun freudig aus. „Was meinst du dazu, Tashi?"

Das Mädchen schaut ins Feuer. „Er heißt Frecher", sagt sie bockig.

„Ich hab dich gefragt, wie dir Wollknäuel gefällt", wiederholt Gedun.

„Ganz nett", brummt Tashi kaum hörbar. Wenn sie ehrlich ist, findet sie den Namen prima, doch das kann sie nicht zugeben.

„Ich hab's", meint Gedun und reibt sich vor Freude die Hände. „Wie wär's mit: ‚Freches Wollknäuel'? Eine Mischung aus beiden Vorschlägen."

„Genial", ruft Tenzin sofort.

Tashi findet die Idee ebenfalls gut, aber sie ist immer noch sauer. Darum sagt sie erst mal nichts.

„Freches Wollknäuel, Freches Wollknäuel", Tenzin beginnt, das Hündchen sachte zu kitzeln und zu strei-cheln. Dabei streckt der kleine Hund alle viere von sich. Es scheint ihm zu gefallen. Keiner kann sagen, ob der Hund schläft oder wach ist. Das belustigt alle im Zelt. Auch Tashi kichert glücklich vor sich hin. Wenn sie das putzige Hündchen anschaut, ist ihre miese Laune wie weggeblasen.

„Na, Freches Wollknäuel, du wirst ganz schön ver-wöhnt", meint sie lächelnd. Damit ist der Name des Hündchens beschlossen.

Gefahr am Kontrollposten

„Wahrscheinlich kommen wir heute Nachmittag an einem Kontrollposten vorbei. Sofern der Posten nicht verlegt wurde. Das weiß man ja nie. Wenn ich euch ein Zeichen gebe, geht ihr nach rechts, dort stehen ein paar verlassene Hütten. Um die schleicht ihr rum. Wir werden die Soldaten ablenken. Das wird kein Problem sein", sagt Gedun beim Frühstück. Die Kinder nicken. Tashi spürt ihr Herz schneller schlagen. Bei dem Wort „Kontrollposten" wird sie automatisch nervös.

„Kein Problem", wiederholt auch Sangmo, um Tashi zu beruhigen. „Die Soldaten kennen uns. Wir plaudern eine Weile mit ihnen. Ihr müsst nur leise sein, dann wird nichts passieren."

Tashi nickt tapfer. Sie schaut zu Tenzin, der lächelt ihr aufmunternd zu.

„Wir sind doch Experten im Umgehen von Kontrollposten", sagt er augenzwinkernd. „Das wird schon schiefgehen."

Die haben uns schon einmal geschnappt, will Tashi erwidern. Doch sie verkneift sich die Bemerkung.

Schnell werden die Habseligkeiten zusammengepackt. Die Männer kümmern sich um die Tiere. Die Yaks werden beladen – die nächste Etappe beginnt. Freches Wollknäuel rennt der Gruppe weit voraus. Er hat sich an die großen, schwarzen Yaks gewöhnt und bellt sie nicht mehr ununterbrochen an. Immer wieder rennt er zu den großen Tieren und beschnuppert sie. Die haben sich inzwischen längst angewöhnt, das Hündchen zu ignorieren. Nur ein Tier beugt seinen riesigen Schädel mit den großen Hörnern dem neugierigen Welpen entgegen. Tashi beobachtet die beiden und bekommt einen gehörigen Schreck.

„Oh, der Yak wird ihm doch nichts tun", meint sie ängstlich und starrt auf die Hörner, die den Hund problemlos aufspießen könnten. Aber nein, der Yak schnuppert mindestens genauso neugierig an Freches Wollknäuel. Tashi ist erleichtert und grinst. Der riesige Yak und das winzige Hündchen, beide schwarz, beide zottelig und beide unheimlich neugierig, sind ein lustiger Anblick.

Das Tal wird enger, die Felsen höher. Tashi hält nach Dung Ausschau. Wenn die Nomaden unterwegs sind, ist es schwierig, trockenen Dung zu finden.

Der Wind pfeift durch das enge Tal. Sangmo und Tashi ziehen ihre Mützen tiefer ins Gesicht. Freches Wollknäuel rennt laut bellend auf Gedun zu.

„Na, was ist mit dir? Willst du spielen?" Der Nomade lacht. Doch das Hündchen will nicht spielen. Erst versucht es, in den Schuh des Mannes zu beißen.

„Lass das!" Geduns Stimme klingt ärgerlich. Doch der Hund hört nicht auf. Dann knabbert er an der Hose des Nomaden. „Euer Hund spielt verrückt."

„Vielleicht möchte er dir etwas sagen", überlegt Tenzin. Denn so aufgeregt hat er das Wollknäuel noch nie erlebt. Keine fünf Minuten später wissen sie, was der Hund ihnen mitteilen wollte. Sie biegen um eine Kurve und sehen dort einen Kontrollposten. Tenzin schaut sich verzweifelt um. In diesem engen Tal ist kein Ausweichen möglich.

„Mist. Sie haben den Posten hierher verlegt", raunt Gedun ihm gerade noch zu.

Die Soldaten haben die Gruppe bereits entdeckt. Schon ist der erste Soldat bei ihnen. „Kontrolle", sagt er mit tiefer Stimme.

Tenzin sieht dem Soldaten an, dass er keinen Spaß versteht.

„Wieso sind die Kinder nicht in eure Papiere eingetragen", brüllt der Soldat Gedun an. Alle starren abwechselnd auf Gedun und auf den Soldaten.

„Weil, weil, weil …"

„Sag schon", blafft er Gedun an.

„Weil wir nicht seine Kinder sind", fällt Tenzin ihm ins Wort. Er möchte die neuen Freunde nicht in Schwierigkeiten bringen.

„Was?", brüllt der Soldat und dreht sich zu Tenzin um. „Was macht ihr dann hier?"

Tashi, die ihrem Bruder helfen möchte, stellt sich neben ihn und tastet suchend nach seiner Hand. Sie drückt sie fest und schaut dem Soldaten direkt in die Augen.

„Ihr zwei seid bestimmt Flüchtlinge, dreckige Flüchtlinge, stimmt's?"

Die Zwillinge nicken nur.

„Könnt ihr nicht reden?" Der Soldat tobt. Sein Gesicht ist vor Zorn knallrot.

„Beruhigen Sie sich doch", redet Diskit mit sanfter Stimme auf den wütenden Soldaten ein. „Es sind doch nur Kinder."

„Es sind miese Flüchtlinge. Mit denen hab ich kein Mitleid! Und ihr solltet euch schämen! Elendes Nomadenpack! Flüchtlinge mitschleppen, wisst ihr, welche Strafe darauf steht?"

Doch plötzlich verzieht er den Mund zu einem durchtriebenen Grinsen und sagt: „Wollt ihr mir nicht ein kleines Geschenk machen? Vielleicht heitert mich das ein bisschen auf."

Tashi und Tenzin wissen bereits, dass viele Soldaten bestechlich sind. Sie geben dem Mann nur wenig Geld.

„Wollt ihr mich beleidigen?", brüllt der Unifor-

mierte. „Das ist doch kein Geschenk! Das ist eine Un-
verschämtheit!"

„Aber wir haben nicht mehr", sagt Tashi mit leiser
Stimme. Sie möchte nicht das ganze Geld, das Meto
ihnen geschenkt hat, an die Soldaten weitergeben. Und
so viel, dass der Soldat zufrieden wäre, hätten sie sowieso nicht. Tränen stehen ihr in den Augen. Sie sieht
den Soldaten flehend an.

„Ich glaube dir kein Wort! Flüchtlinge haben immer
Geld."

Aha, der Mistkerl kennt sich ja gut aus, denkt sich
Tenzin. Wer weiß, wie viel der schon von den Flüchtlin-
gen einkassiert hat. „Wir haben wirklich nicht mehr.
Ehrenwort", mischt er sich jetzt ein.

„Lügt mich nicht an!" Der Soldat scheint kurz zu
überlegen. Nach einer Weile sagt er: „Dann gebt mir
eins von den Schafen."

„Das, das können wir nicht", stammelt Tenzin. „Die
Schafe gehören uns nicht."

Die Zwillinge blicken zu Boden. Das war's. So nahe
an der Grenze sind sie gescheitert. Tashi zittert wegen
der Kälte, aber auch wegen ihrer ungewissen Zukunft
im Gefängnis oder wo auch immer.

„Sie können das Schaf haben."

Die Kinder trauen ihren Ohren nicht. Sie starren mit
aufgerissenen Augen und Mündern zu Diskit. „Sie können ein Schaf haben", wiederholt diese noch einmal.
„Dafür lassen Sie uns ungehindert passieren, und wir
alle vergessen diesen kleinen Vorfall."

„Ehrensache", sagt der Soldat schief grinsend und sucht sich ein besonders schönes Schaf aus. „Und nun verschwindet."

Die Zwillinge sind baff. Ausgerechnet Diskit hat ein Schaf für sie geopfert.

„Das können wir euch nicht zurückzahlen. Wir haben fast nur noch das Geld von Meto", sagt Tenzin. Das Sprechen fällt ihm schwer, so sehr ist er von Diskits Reaktion überrascht.

„Ich weiß. Das müsst ihr auch nicht. Denkt an mich, wenn ihr beim Dalai-Lama seid."

„Ganz bestimmt", versprechen die beiden.

Die anderen sind ebenfalls verblüfft.

Die meist schlecht gelaunte Diskit hat also auch ihre guten Seiten.

„Ich habe eine wunderbare Frau", sagt Gedun und legt ihr den Arm um die Schultern.

Diskit lächelt. „Sagen Sie mal", spricht sie den Soldaten an, „kommt der alte Kontrollposten auch noch?"

Der Soldat grinst schief. „Ah, ihr kennt euch hier aus? Wir haben den Kontrollposten verlegt, weil das Tal hier enger ist. Hier gehen uns nicht mehr so viele Flüchtlinge und Schmuggler durch die Lappen. Es funktioniert ausgezeichnet", meint er mit einem Blick auf das Schaf.

Als die Gruppe an dem Posten vorbeizieht, knurrt Freches Wollknäuel den Soldaten grimmig an.

„Nehmt diesen Köter an die Leine", schreit der Soldat, als das Wollknäuel ihm bedrohlich nahekommt.

Doch der Hund reagiert nicht auf Tashis Rufe. Bellend umkreist er den Soldaten. Der blickt sehnsüchtig zu seinem Gewehr, das glücklicherweise in der Baracke hängt.

„Nehmt den Hund zu euch", brüllt er noch einmal. Freches Wollknäuel rennt immer noch wie ein rasender Mopp um ihn herum. Der Soldat hat gehörigen Respekt vor den Zähnen des Hundes. Er dreht sich genauso schnell wie der Hund, damit er ihn nicht aus den Augen verliert. Die anderen schauen sich das Schauspiel aus sicherer Entfernung an und grinsen. Ein richtiger Held, denken sie sich. Brüllt hier rum und hat dann Angst vor so einem winzigen Hündchen. Der Soldat ist mittlerweile ausgerutscht und sitzt auf dem Boden. Begeistert rennt der Hund auf ihn zu – und zwickt ihn in die Wade.

„Aua! Du Mistvieh!"

Doch bevor der Soldat auf den Beinen ist, ist Freches Wollknäuel schon auf und davon. Die Nomaden verkneifen sich das Lachen und eilen weiter. Erst als der kleine Hund die Gruppe wieder erreicht hat, prusten sie los vor Lachen und streicheln den kleinen Hund.

„Das hast du toll gemacht", lobt ihn sogar Diskit.

Nachdem sie ihr Nachtlager aufgeschlagen, ihr ganzes Hab und Gut verstaut und die erste Schale Buttertee getrunken haben, will Tenzin wissen: „Diskit, warum hast du dem Soldaten das Schaf gegeben?"

„Ihr seid sehr mutig und schon so weit gekommen. Ihr habt einen starken Willen und seid entschlossen, den Dalai-Lama zu sehen. Das gefällt mir." Die Frau macht eine Pause. „Außerdem mag ich Kinder", fügt sie mit leiser Stimme hinzu.

Tashi setzt sich neben Diskit. Sie freut sich, dass die Frau nicht mehr so böse ist. Jetzt ist sie wieder die nette Frau, die Kelsangs Mutter ähnlich ist.

„Du bekommst bestimmt noch Kinder", flüstert sie ihr zu.

Diskit lächelt und tätschelt die Hand des Mädchens.

Wieder ein Abschied

„Morgen kommen wir nach Tingri", sagt Gedun. „Wir werden dort ein paar Tage bleiben, die Schafe verkaufen, Vorräte einkaufen und Freunde besuchen. Dann ziehen wir weiter nach Westen. Euer Weg nach Kathmandu führt nach Süden. Natürlich könnt ihr bei uns bleiben, so lange ihr wollt. Wenn ihr es euch anders überlegt und auch nach Westen wollt, dann könnt ihr gerne mit uns weiterziehen."

„Vielen Dank für die Einladung ", sagt Tenzin. Er schaut auf seine Schwester. „Aber unser Entschluss steht fest: Wir wollen zum Dalai-Lama. Ich glaube, wir sind erholt und kräftig genug, um weiterzugehen. Wir werden nur kurz in Tingri bleiben."

Tashi nickt. Sie möchte die Berge und den Pass so schnell wie möglich hinter sich haben. Auf keinen Fall will sie zu lange warten. Jeder Tag, den sie später aufbrechen, ist ein Tag näher am Wintereinbruch. Die Kinder wissen nicht, dass viele Flüchtlinge gerade auf den Winter warten, um über die Berge zu fliehen. Dann können sie nämlich ziemlich sicher sein, dass keine chinesischen Soldaten sie verfolgen. Doch die Flüchtlinge nehmen damit das Risiko auf sich, von gewaltigen Schneemassen eingeschneit zu werden oder elendig zu erfrieren.

Bevor die Gruppe am nächsten Tag Tingri erreicht, zeigt Gedun aufgeregt nach links. „Schaut euch das an. Das Dach der Welt."

Alle Köpfe drehen sich in die angegebene Richtung. Dort drüben liegt eine glitzernde weiße Bergkette. Vor dem Himmel leuchten die Gipfel der Achttausender. Sie sehen aus wie scharfkantige Haifisch-Zähne. Der höchste Zahn ist der Mount Everest, der höchste Berg der Welt. Ein paar Gipfel weiter zeigt sich eine breite Lücke im Haifischgebiss: Das ist der Nangpa-La-Pass. Dort wollen die Zwillinge den Himalaja überqueren.

Obwohl die Kinder großen Respekt vor den schneebedeckten Bergen haben, sind sie vom Anblick des Mount Everest fasziniert.

„Ist der Gipfel wirklich der höchste Punkt der Erde?", will Tashi immer wieder wissen.

„Es gibt keinen höheren", antwortet Gedun.

„Unglaublich, dass da schon mal Leute oben waren", sagt Tenzin. Er erinnert sich, dass sie in der Schule gelernt haben, dass es eine chinesische Expedition bis zum Gipfel geschafft und dort die chinesische Flagge gehisst hat.

„Jedes Jahr klettern Menschen rauf", erklärt Gedun. „Mein Schwager ist mit seiner Herde mal an dem Platz vorbeigekommen, wo sie ihr Basislager aufgebaut haben. Da waren sogar Leute aus dem Ausland, die extra hergekommen sind, weil sie da hinaufwollten. Die haben sogar Luft in Flaschen aus Amerika mitgebracht, weil es so weit oben fast keine Luft mehr zum Atmen gibt. So was Verrücktes!"

Tenzin schüttelt verwundert den Kopf. Er kann sich vieles vorstellen, aber nicht, dass jemand freiwillig um die ganze Welt reist, um auf so einen hohen Berg zu klettern. So etwas würde er nie machen.

Weiter kommt der Junge mit seinen Überlegungen nicht. Sie stehen plötzlich vor einem Tal, unter ihnen liegt Tingri. Das Dorf besteht nur aus ein paar Häusern. Am Rand sind Nomadenzelte aufgebaut. Schafe blöken und Yaks grasen friedlich auf der riesigen grünen Ebene. Tingri ist ein wichtiges Zentrum für Nomaden. Hierher kommen sie, um ihre Schafe zu verkaufen. Hier trifft man immer ein bekanntes Gesicht.

Sobald die kleine Gruppe den Ort erreicht hat, sucht sie sich einen Platz für das Zelt. Schnell ist es aufgebaut. Dann schauen sich die Nomaden um, wer von ihren Bekannten und Freunden gerade in Tingri ist. Tashi und Tenzin passen in der Zwischenzeit auf die Tiere auf.

Freches Wollknäuel ist völlig aus dem Häuschen: So viele Menschen, so viele Tiere, so viele fremde Gerüche hat er in seinem jungen Hundeleben noch nie erlebt.

„Was wohl unsere Schafe daheim machen?", überlegt Tenzin.

„Es geht ihnen bestimmt gut. Lobsang passt doch auf sie auf", meint Tashi.

„Vielleicht darf er zur Schule gehen? Jetzt ist er ja das einzige Kind der Familie."

„Was soll er denn in der Chinesenschule?", ruft Tashi entsetzt aus.

„Dasselbe lernen wie wir natürlich: Lesen, Rechnen, Schreiben – und Chinesisch."

Tashi ist froh, dass sie den Lehrer Wang nicht mehr sehen muss. Die Schule in Dubehi vermisst sie nicht, nur ihre Freunde und besonders Li.

„Ich bin jedenfalls froh, wenn wir in Indien endlich das lernen, was wir wollen."

„Ja, aber Lobsang ist nicht in Indien. Er lebt nun mal in Tibet und kann nur eine chinesische Schule besuchen. Das ist seine einzige Chance, um überhaupt etwas zu lernen."

Tenzin ist ärgerlich, weil Tashi so tut, als habe sie ihr bisheriges Leben bereits vergessen. Sie krault das Hündchen und versinkt in ihren Träumen. Beide denken an Dubehi, an die Eltern, den Großvater. Tenzin spürt, wie Tränen in ihm aufsteigen. Er greift in die Tasche und erfühlt das Bild des Dalai-Lama.

Am nächsten Morgen erinnern sie sich an die Mahnung des Großvaters: „Bevor ihr in die Berge zieht, müsst ihr Vorräte besorgen."

Die Zwillinge kaufen sich einen Sack Tsampa. In dem kleinen Laden entdeckt Tashi eine Packung Kekse. Mit dem braunen Schokoladenüberzug sehen sie verlockend aus.

Dem Mädchen läuft das Wasser im Mund zusammen. Solche Kekse hat sie bisher nur einmal in ihrem Leben gegessen. An Großvaters Geburtstag. Er hat eine Packung geschenkt bekommen und jeder seiner Enkel durfte sich einen Schokokeks nehmen. Den süßen, klebrigen Geschmack kann Tashi fast noch auf der Zunge spüren.

„Vergiss es", sagt Tenzin nur, der die verlangenden Blicke seiner Schwester verfolgt. „Dafür haben wir kein Geld."

Tashi verzieht das Gesicht. Warum ist Tenzin nur so schrecklich vernünftig? Er benimmt sich manchmal wie ein Erwachsener.

Die Zwillinge schleppen nur einen Sack Tsampa ins Nomadenzelt. Dort wickelt Diskit ein Stück Butter in Papier. Sie überreicht es den Kindern zusammen mit geräuchertem Yakfleisch.

„Hier, damit ihr etwas zum Kauen habt", meint sie lächelnd und gibt ihnen den Proviant.

„Vielen Dank, ihr seid so lieb", sagt Tenzin gerührt. „Schade, dass wir nicht mehr dieselbe Richtung haben. Es war so schön, mit euch zu ziehen. Und viel einfacher. Ihr kanntet den Weg. Bei euch gab es leckeres Essen. Danke für alles."

„Ich habe mich bei euch sehr sicher gefühlt", ergänzt Tashi und umarmt alle vier Nomaden.

„Seid vorsichtig", mahnt Gedun.

Der Einzige, der sich zu freuen scheint, dass es weitergeht, ist Freches Wollknäuel. Schwanzwedelnd rennt er zweihundert Meter voraus, kommt mit aufgeregtem Gebell wieder zurück, als wolle er sagen: Nun macht schon.

„Habt ihr nepalesisches Geld?", will Diskit wissen. „Hier, wir haben noch einige Rupien übrig. Passt auf euch auf." Diskit umarmt die Kinder, dann wischt sie verstohlen ihre Tränen aus den Augenwinkeln. „Macht einen großen Bogen um die Kontrollposten und denkt an mich, wenn ihr dem Dalai-Lama gegenübersteht."

Die Kinder nicken, bedanken sich noch einmal und ziehen winkend davon. Freches Wollknäuel hüpft ausgelassen an ihnen hoch.

Gedun hat ihnen geraten, nicht auf der Straße zu gehen und damit den Kontrollposten auszuweichen. Die Nächte sind bereits sehr kalt. Ständig werden die beiden daran erinnert, dass es jederzeit Schnee geben kann.

Hier oben, in weit über 4000 Meter Höhe, kann es auch mal im Sommer schneien. Nun haben sie kein wärmendes Zelt mehr, in dem sie übernachten können. Es gibt auch fast kein Brennmaterial, mit dem man ein Feuer machen könnte. Außerdem haben sie Angst, dass sie ein Feuer in der Nacht verraten könnte. Sie müssen wohl oder übel wieder bei eisiger Kälte im Freien schlafen. Mit Schaudern denken sie noch an die letzte Nacht zurück, die sie im Schnee verbracht haben. Jetzt müssen sie noch höher aufsteigen, und das könnte kurz vor dem Ziel das Ende für sie bedeuten.

Aber mit jedem Tag kommen sie der Grenze zu Nepal ein Stückchen näher. Die beiden fühlen sich kräftig. Sie haben genügend zu essen dabei, und Freches Wollknäuel sorgt für Abwechslung. Gerade sitzen sie auf einem Felsen, knabbern am Yakfleisch und schauen sich die Berge an. Obwohl es windstill und friedlich ist, quält Tenzin eine wichtige Frage.

„Welchen Weg sollen wir wählen? Den über den Pass oder den durch die Berge?"

Auf dem Pass bleibt ihnen nichts anderes übrig, als sich an den Kontrollen vorbeizuschleichen. Ein hohes Risiko. In den Bergen wimmelt es zwar nicht von Soldaten, doch dort lauern andere Gefahren. Wieder Schnee, Kälte, Wind, Lawinen und Gletscherspalten. Und die Ausrüstung, die sie haben, reicht eigentlich noch nicht einmal, um den Pass zu überqueren. Tenzin blickt nachdenklich auf seine dünnen Halbschuhe hinab, bei denen sich schon langsam die Nähte auflösen.

Tashi überlegt. „Wenn wir uns einen Plan ausdenken, wie wir an den Soldaten vorbeikommen, dann bin ich für den Pass." Zu deutlich erinnert sich das Mädchen an die Qualen der letzten großen Bergetappe. So etwas möchte sie nicht noch einmal erleben.

„Aber was, wenn die Soldaten uns erwischen?", kontert Tenzin.

„Wir sind schon zweimal erwischt worden und zweimal ging es gut", meint seine Schwester.

„Aber nun haben wir nicht mehr genügend Geld, um uns freizukaufen."

Trotzdem bleibt Tashi dabei. Lieber von den Soldaten erwischt werden als den Kältetod riskieren.

Tenzin ist sich noch nicht so sicher. Eigentlich fühlt er sich in den Bergen wohler. Vor den Gewehren der Soldaten hat er schreckliche Angst. Doch wenn der Junge an seine fast erfrorenen Zehen denkt, ist auch ihm der Pass lieber.

Starke Männer, schwere Lasten

Der Zufall kommt ihrer Unentschlossenheit zu Hilfe. Freches Wollknäuel spitzt die Ohren, springt auf und rennt los.

„Wahrscheinlich wittert er einen Hasen", meint Tashi. „Komm hierher", ruft sie dem Hund nach. Doch der Kleine ist bereits zu weit weg, um auf ihr Rufen zu reagieren. Nur sein Kläffen ist zu hören. Die Kinder lachen. Soll Freches Wollknäuel doch seinen Spaß haben.

Gleich darauf vergeht ihnen das Lachen, denn mit dem Hund steht plötzlich auch eine Gruppe von acht Männern vor ihnen. Alle haben schwere Lasten auf dem Rücken, Trageriemen drücken sich in ihre Stirn.

Instinktiv springen die Kinder auf. Wie immer, wenn ihnen unerwartet Menschen begegnen, wittern die Zwillinge Gefahr.

Natürlich haben die Lastenträger sie längst entdeckt. Sie winken den beiden freundlich zu.

Lastenträger ist im Himalaja-Gebirge, wo es keine befahrbaren Straßen gibt, ein richtiger Beruf. Jeden Tag schleppen Männer für ihre Auftraggeber Lasten über die Berge: Koffer von Beamten, die auf Dienstreise sind, oder Rucksäcke von Touristen. Aber auch für den Transport von Rohren, Kabeln, Maschinenteilen, Kräutern, Thermoskannen oder Souvenirs werden sie eingestellt.

„Hallo, Kinder, was macht ihr denn in dieser verlassenen Gegend?", fragt der Anführer der Gruppe.

„Wir denken darüber nach, ob wir die Straße benutzen oder über die Berge gehen sollen", gibt Tenzin ehrlich zu. Er ist es leid, immer zu überlegen, was für eine Geschichte er Fremden auftischen soll. Und die Lastenträger werden ja wohl was Besseres zu tun haben, als sie gleich bei der Polizei zu melden.

„Ihr wollt nach Nepal?"

Die Kinder nicken.

„Wir auch. Wenn ihr wollt, könnt ihr mit uns kommen", lädt der Anführer sie sofort ein. „Wir kennen hier jeden Stein. Wir wissen, wo es langgeht. Übrigens, darf ich mich vorstellen? Ich heiße Gaden."

„Ich heiße Tashi und das ist mein Bruder Tenzin. Was ist eigentlich mit den Kontrollen?"

Die Männer haben sofort kapiert, dass Tashi und Tenzin Flüchtlinge sind. „Das kann man nie so genau sagen. Die ändern immer wieder ihre Position. Letztes Mal gab's auf der Strecke aber keinen einzigen Kontrollposten."

Das macht ihnen Hoffnung. Ebenso, dass die Männer nicht etwa schwere Bergschuhe tragen, sondern nur billige, dünne Turnschuhe, schlechter noch als die Halbschuhe, die sie selbst haben. Die Zwillinge fragen nicht, welchen Weg die Lastenträger gehen. Es ist ihnen egal. Bei den erfahrenen Männern fühlen sie sich sicher und beschützt. Tenzin und Tashi blicken sich in die Augen und nicken gleichzeitig. Abgemacht, einverstanden.

„Wir würden gerne mit euch kommen", sagt Tenzin.

„Na, dann los."

Die Kinder schultern ihr Gepäck und marschieren mit den Trägern.

„Ihr habt ein Tempo drauf", stöhnt Tashi nach einer Weile. Obwohl die Zwillinge bereits viele hundert Kilometer zurückgelegt haben und gut trainiert sind, können sie mit den Trägern kaum Schritt halten. Erst als es einen Zickzack-Weg hinaufgeht, der über einen unglaublich steilen Schutthang führt, werden die Männer langsamer.

„Was schleppt ihr eigentlich?" Tenzin ist neugierig.

„Salz und Thermoskannen", antwortet Pasang, der Mann, der vor ihm geht.

Oft ist es viel billiger, für den Transport anstatt Lastwagen Lastenträger einzusetzen. Außerdem kommt man in vielen Gegenden mit einem Fahrzeug sowieso nicht weiter. Weil gar keine Straße dorthin führt, oder auch weil eine Schlammlawine oder ein Steinschlag die Strecke unpassierbar gemacht hat.

Bei der ersten Rast versucht Tenzin, einen der Säcke hochzuheben. Vergeblich. Er schafft es keinen Millimeter. Kein Wunder, die Säcke der Lastenträger sind über fünfzig Kilo schwer. Die Besten hieven sogar achtzig Kilo. Die Männer kugeln sich vor Lachen, als sie Tenzins vergebliche Bemühungen sehen.

„Trag du mal lieber deinen Hund", meint Gaden. „Aus dir wird so schnell kein Träger."

Todesgefahr auf der Hängebrücke

Zusammen mit den Lastenträgern wandern die Zwillinge steile Bergpfade hinauf. Manchmal gibt es Treppen, die in den Stein gehauen sind. Manchmal balancieren sie waghalsig über schmale Baumstammhälften, die über eine Schlucht gelegt werden.

Irgendwann liegt direkt vor ihnen ein reißender Fluss. Eine wackelige Hängebrücke aus Bambusrohr überspannt den Fluss. Unten tobt das Wasser, spritzt die Gischt. Das Wasser ist grau und braun von dem Schutt und Schlamm, der dort aufgewirbelt wird. Die Brücke schwingt nur einen Meter über den tosenden Wassermassen.

„Müssen wir da rüber?", fragt Tenzin. Seine Stimme zittert leicht. Auf diese klapprige Brücke wird er keinen Fuß setzen. Er ist doch nicht lebensmüde!

Die Männer nicken nur. Wie kann man nur so eine dumme Frage stellen?

„Dies ist die einzige Stelle weit und breit, an der eine Überquerung möglich ist", gibt Gaden zu verstehen.

Diese windige Brücke ist das Unsicherste, was Tenzin je gesehen hat. Und da sollen sie rüber?

„Du kannst auch durch den Fluss waten", schlägt Gaden lachend vor, aber das meint er nicht ernst. Dort unten schäumt und brodelt es wie in einem Hexenkessel.

Sie haben keine Wahl. Sie müssen über die altersschwache Hängebrücke.

„Immer einzeln gehen", kommandiert der Anführer. Auch er scheint der wackligen Konstruktion nicht sonderlich zu trauen.

Die Kinder beobachten die ersten Träger, die über die Brücke laufen. Bei jedem Schritt schwingt die Brücke. Immerhin, einer hat Freches Wollknäuel rübergetragen. Wenigstens der Hund hat es schon überstanden. Nachdem die ersten zwei Männer am anderen Ufer angekommen sind, ist Tashi an der Reihe. Sie atmet tief durch und wagt ein paar zaghafte Schritte auf die Brücke. Sofort beginnt diese, wieder leicht zu schwingen. Tashi hält sich krampfhaft an dem Geflecht fest, das als Geländer dient. Erst einmal muss sie sich an das Geschaukel auf der Hängebrücke gewöhnen. Die Männer schauen ihr zu. Für sie ist das Überqueren ein Kinderspiel, doch Tashi hat Angst. Je länger sie dort steht, umso wilder und gefährlicher kommt ihr das tosende Wasser unter ihr vor. Sie hat das Gefühl, dass sie gleich in die Tiefe stürzt.

„Geh weiter! Nicht stehen bleiben", ruft ihr Gaden zu.

Der hat gut reden, denkt Tashi. Vorsichtig wagt sie die nächsten Schritte. Zaghaft hangelt sie sich an dem Seil, das als Geländer dient, entlang. Die Hälfte hat sie geschafft. Plötzlich schwingt die Brücke heftiger. Tashi rutscht aus, fällt und schreit. Mit einem Bein hängt sie dicht über dem Wasser. Ihre Hände greifen automatisch nach etwas, was Halt bieten könnte. Es sind die Bambusverstrebungen der Brücke.

Nicht loslassen! Auf keinen Fall loslassen!, ist das Einzige, was sie denken kann.

Jetzt erst sieht Tashi, dass Tenzin auf der Brücke ist.

Ihr Bruder wollte die Flussüberquerung unbedingt hinter sich bringen. Deshalb hat er nicht gewartet, bis Tashi die andere Seite erreicht hat. Seine Schwester wurde von dem zusätzlichen Geschaukel so überrascht, dass sie das Gleichgewicht verloren hat.

„Halt dich fest!", ruft Gaden. Blitzschnell lädt er den Sack ab und springt auf die Brücke. Tenzin hat sich mittlerweile auch am Geländer festgekrallt. Tashi versucht, ihr Bein hochzuziehen, doch vergeblich. Sie spürt, wie ihre Kräfte nachlassen. Ganz langsam gleitet der glatte Bambus durch ihre Hände.

„Halt dich fest!", ruft Gaden ihr erneut zu. „Ich bin gleich bei dir."

Tashi kann nicht mehr. Die Angst raubt ihr noch zusätzlich Kraft. Die Bambusstäbe gleiten langsam durch ihre Finger. Tashi schließt die Augen und – lässt los. Doch im selben Moment wird sie von zwei starken Männerarmen gepackt und auf die Brücke gezogen. In allerletzter Sekunde hat Gaden sie erreicht. Zitternd klammert sich Tashi an den mutigen Mann, der sie ans Ufer trägt. Gaden hat soeben ihr Leben gerettet!

„Geht's wieder, Kleine?"

Tashi nickt. Sie ist unendlich froh, festen Boden unter den Füßen zu haben.

„Danke", stammelt sie.

Wie ein Klammeräffchen hangelt sich Tenzin auf der Bambusbrücke entlang. Tashis Schrei hat ihn in Angst und Schrecken versetzt. Sobald er das Ufer erreicht hat, nimmt Tenzin seine Schwester in die Arme.

„Es war meine Schuld. Ganz allein meine Schuld", ruft er entsetzt.

„Wir haben keine Zeit für solche Diskussionen", mahnt Gaden. „So was kann immer passieren. Wir müssen weiter." Er, seine sieben Männer und die Zwillinge haben heute noch eine lange Strecke vor sich. Mühsam rappelt Tashi sich auf. Ihre Knie zittern noch, aber die Männer können es sich nicht leisten, lange auf sie zu warten. Es muss eben einfach weitergehen.

Eiskaltes Wasser

Nach zwei Tagen Marsch über gewundene Bergpfade steht die Gruppe erneut vor einem Fluss. Er ist nicht so reißend, dafür aber breiter. Die Steine am Ufer sind mit einer leichten Eiskruste überzogen, denn in der Nacht war es bitterkalt.

„Ich sehe keine Brücke", meint Tenzin. „Nicht mal ein wackliges Bambusgestell."

„Es gibt keine", erwidert Sonam, der die meiste Zeit vor oder neben Tenzin marschiert. „Wir müssen durch den Fluss waten."

„Aber der ist doch eiskalt", protestiert Tashi.

Sonam zuckt nur mit den Schultern. „Was sollen wir tun? Bis zum nächsten Jahr warten, wenn das Wasser wieder wärmer wird? So richtig warm wird der Fluss sowieso nie."

Die Zwillinge schauen sich an. Erst die klapprige Brücke und jetzt das eisige Wasser.

„Ist es tief?", fragt Tashi, die sich wohl oder übel damit abfindet, durchs Wasser zu waten.

„Es geht. Wir nehmen euer Gepäck", bestimmt Gaden. „Zieht eure Schuhe aus."

Die Kinder gehorchen. Freches Wollknäuel wird in den Rucksack gepackt. Jetzt schaut nur noch seine kleine schwarze Schnauze hervor. Das kluge Hündchen scheint zu spüren, dass das hier kein lustiges Spiel ist. Ohne zu bellen bleibt es ganz brav im Rucksack.

Gaden nimmt Tashi an die Hand und führt sie ans Ufer. Die Steine dort sind nicht nur kalt wie frisch aus dem Gletscher gehauen, sondern auch glitschig. Das Mädchen rutscht aus. Um ein Haar wäre sie in den Fluss gefallen, Gaden kann sie gerade noch auffangen.

„Los, schnell", kommandiert er, denn das Wasser ist wirklich eiskalt. Lange dürfen sie für die Durchquerung nicht brauchen. Tashi hängt mehr an Gadens Arm, als dass sie auf eigenen Beinen steht. Das Wasser geht ihr anfangs nur bis zu den Waden. Doch dann wird es tiefer und schwappt die Schenkel hoch. Die Filzhosen saugen sich voll. Das kalte Wasser fühlt sich an wie Nadelstiche. Ihre Beine werden taub. Noch fünf Meter, dann hat Tashi das andere Ufer erreicht. Das Mädchen massiert ihre Beine und Füße, damit das Gefühl zurückkehrt.

„Los, zieh die Hose aus", meint Gaden und zeigt auf das Feuer. Zwei seiner Männer haben ein kleines Feuer entfacht, damit jeder seine nassen Hosen trocknen kann. Bei dieser Kälte können nasse Kleidungsstücke an den Körpern festfrieren.

Dann ist Tenzin mit Durchwaten an der Reihe. Das eisige Wasser verursacht Tenzins Zehen unglaubliche Qualen – wie damals im Schnee. Tränen laufen ihm die Wangen herunter. Tenzins Zehen sehen schrecklich aus. Einer ist braun, die anderen sind dick und mit Blasen übersät.

Endlich hat auch Tenzin das andere Ufer erreicht. Der Junge ist so erleichtert, dass er seine Tränen nicht mehr zurückhalten kann. Flink schlüpft er in Strümpfe und Schuhe. Niemand soll mitbekommen, wie schlimm seine Zehen aussehen.

„Du musst deine Hose trocknen", befiehlt ihm Gaden sofort.

„Ach, das geht schon", meint Tenzin.

„Ausziehen", sagt Gaden nur.

Er ist hier der Chef und lässt nicht gern mit sich diskutieren. Tenzin nickt, zieht schnell seine Hose aus, die Socken, die nicht nass geworden sind, behält er an.

„Gibt es noch mehr Flüsse, die wir überqueren müssen?", will Tashi wissen.

„Nein, das war der letzte Fluss. Jetzt kommt nur noch ein schneebedeckter Pass, dann wird es warm."

Der Pass in die Freiheit

Bereits am Mittag erreichen sie wieder die Schneegrenze. Tenzin hat ohnehin das Gefühl, als ob jemand
mit dem Hammer auf seine Zehen schlagen würde. Und
jetzt schon wieder durch den Schnee!

„Ich bleibe hier", sagt Tenzin niedergeschlagen.

„Was?", ruft Tashi entsetzt.

„Ich kann nicht mehr, ich will nicht mehr durch den
Schnee." Tenzin hat Tränen in den Augen.

„Du musst, Junge. Du musst!", sagt Gaden eindringlich. „Was willst du denn machen? Einfach hierbleiben
und warten, bis dir jemand was zu essen bringt? Oder
glaubst du wirklich, dass du es schaffst, allein nach Tingri zurückzugehen?"

Tenzin schüttelt müde den Kopf. Das ist ihm doch alles egal. Jeder Nerv und jeder Muskel seines Körpers
sträubt sich. Er fühlt sich erbärmlich. „Nein, nicht wieder durch den Schnee."

„Tenzin, es ist unsere einzige Chance. Wir wollen
doch zum Dalai-Lama. Die Eltern, der Großvater, Diskit und all die Leute, die uns geholfen haben, die hoffen
doch, dass wir Indien erreichen. Wir haben es fast geschafft. Bitte." Tashi schaut ihren Bruder flehend an.
Freches Wollknäuel kommt und reibt seine Schnauze
an Tenzins Knie.

„Wie lange müssen wir noch durch den Schnee stapfen?", fragt Tenzin kleinlaut.

„Bis zum Einbruch der Dunkelheit", informiert sie Gaden.

Wenigstens muss die Gruppe nicht im Schnee übernachten. Es kostet Tenzin unendlich viel Anstrengung, überhaupt aufzustehen. Sobald er seinen rechten Fuß belastet, hämmert der Schmerz in den Zehen.

Die Männer nehmen die Kinder in die Mitte. Freches Wollknäuel sinkt bis zum Kopf im Schnee ein. Mühsam buddelt er sich wieder aus, um beim nächsten Schritt erneut zu versinken. Die Männer kichern, schauen sich die Strapazen des Hundes kurz an, dann schnappt Sonam das Hündchen und hebt es einfach über seine Schulter auf den Salzsack. Den Trägern scheint wirklich nichts zu beschwerlich zu sein. Ihr Schritt ist fest und sehr schnell. Sonam unterhält die kleine Gruppe, indem er Schreckensgeschichten von Leuten erzählt, die sich hier oben fürchterliche Erfrierungen geholt haben. Einem Träger aus Nepal, so erzählt er, seien einmal vom Frost die Zehen abgefallen, und er hätte das erst gemerkt, als er sich am Abend die Schuhe ausgezogen hat. Das heitert Tenzin nicht gerade auf! Widerwillig stapft er weiter. Seine Füße sind wieder so kalt, dass er sie nicht mehr spürt. Erst das eisige Wasser, jetzt der Schnee und seine nassen Schuhe, das ist eindeutig zu viel für seine Zehen. Tenzin sucht in seiner Anoraktasche nach dem Foto des Dalai-Lama. Ein bisschen Hoffnung keimt auf.

Nur noch dieses Schneefeld, dann wird es warm, hat Gaden gesagt. Der Junge malt sich schon aus, wie sie mit Freches Wollknäuel auf grünen Wiesen herumtollen, wie sie barfuß durch den Sand laufen. In Tenzins Fantasien ist es warm, doch wenn er aus seiner Gedankenwelt auftaucht, sieht es anders aus: eisige Kälte, ein beißender Wind, überall Schnee und hohe Berge.

Tashi dreht sich zu ihrem Bruder um und lächelt ihm aufmunternd zu.

„Geht es?", fragt sie Tenzin. Der nickt nur.

Wenigstens scheint die Sonne. Sie klettern immer noch den Gletscher empor. Die Luft wird immer dünner. Alle paar Meter müssen die Kinder verschnaufen. Auch die Träger kommen gewaltig aus der Puste. Aber die Kälte erlaubt keine langen Pausen, sie müssen sich bewegen. Der Wind pfeift, der Schnee sticht wie tausend Nadeln. Die Spuren im Schnee sind tief. Es ist ein wahrer Kraftakt, die Beine herauszuziehen und weiterzugehen.

Nach vier, fünf Schritten müssen die Kinder erneut anhalten. Tenzin ist verzweifelt. Er möchte keinen Meter mehr weitergehen. Sein rechter Fuß fühlt sich an wie ein Eisklotz. Er hat schrecklichen Durst, ist völlig kaputt und weiß nicht, wie lange sie diesen Berg noch hochstapfen müssen, um den Pass zu erreichen, hinter dem die Freiheit liegt. Tenzin ist am Ende. Was soll er bloß machen? Einfach sitzen bleiben und erfrieren? Warum eigentlich nicht?

Tashi zupft ihren Zwillingsbruder energisch am Ärmel. „Schlaf bloß nicht ein. Das wäre das Ende. Wir müssen weiter!"

Mit unendlicher Mühe rafft sich Tenzin auf. Weiter, ja weiter, wir müssen weiter. Um sie herum gibt es nichts als Schnee und Berge. Vielleicht müssen sie hier oben sterben. Er ist schon völlig verzweifelt, als sich Gaden zu ihm umdreht.

„Kinder, gleich haben wir es geschafft", ruft er.

Gleich geschafft, das haben sie schon einmal gedacht, erinnert sich Tenzin. Er muss an den letzten Pass denken, den sie überquert haben, und wie enttäuscht sie waren, als dahinter nicht Nepal lag, sondern nur das nächste Gebirge. Aber Gaden kann man vertrauen, er kennt sich hier aus wie wenig andere. Wenn er so etwas sagt, muss es stimmen.

Es dauert noch zwanzig Minuten, bis sie auf der Passhöhe des Nangpa La stehen: 5716 Meter über dem Meeresspiegel!

„Hier verläuft die Grenze", erklärt Gaden. „Dreht euch um, schaut zurück nach Tibet. Vor uns liegen Nepal, Indien und die Freiheit."

Sie können es kaum glauben. Die Grenze! Hier ist davon nichts zu sehen. Vor ihnen Schnee, hinter ihnen Schnee. Er sieht auf beiden Seiten gleich aus. Fünf Tage haben sie von Tingri bis hierher gebraucht, fünf Tage, in denen es meistens steil bergauf ging. Und jetzt müssen sie nur noch einen Schritt nach vorne machen und sie sind in einem anderen Land. Obwohl die Zwillinge völlig erschöpft sind, drehen sie sich um.

„Auf Wiedersehen, Tibet", ruft Tashi erleichtert – und so laut sie kann.

Tenzin dreht sich wieder in Marschrichtung und schreit: „Freiheit, wir kommen."

Dann machen sich alle an den mühsamen Abstieg.

Plötzlich entdeckt Tenzin weit unten im Tal grüne Flächen. Das könnten Felder oder vielleicht Wiesen sein. Der Junge ist sich nicht sicher, ob das echt ist oder ob er es sich nur einbildet.

„Tashi, siehst du das da unten auch?", fragt er zögernd.

Erst jetzt hebt das Mädchen müde den Kopf. „Das ist grün. Wirklich grün!" Tashi hüpft vor Freude auf und ab.

Die Männer lachen. Obwohl sie die Tour schon dutzende Male gemacht haben, lassen sie sich von der Begeisterung des Mädchens anstecken. Übermütig dürfen sie allerdings nicht werden, denn der Abstieg birgt noch viele Gefahren. Bei jedem Schritt müssen sie aufpassen. Sie dürfen nicht stolpern und nicht stürzen. Obwohl die Kinder völlig kaputt sind, müssen sie über Gletscherspalten springen. Vereiste Stellen rutschen sie auf dem Hintern hinunter, rappeln sich wieder auf und gehen weiter. Nur die Aussicht, ihrem Ziel so nahe zu sein und nicht mehr wie die letzten beiden Nächte bei eisiger Kälte im Freien übernachten zu müssen, treibt sie an.

Schlimme Erfrierungen

Nach weiteren zwei Stunden Marsch ändert sich die Landschaft schlagartig: Es gibt keine Schneefelder mehr. Sie wandern über Geröll- und Schotterhänge. Vor allem bemerken sie, dass es mit jeder Stunde spürbar wärmer wird. Viel wärmer sogar als auf der anderen Seite des Passes. Noch eine halbe Stunde später erreichen sie die ersten Wiesen. Sattes Grün.

Freches Wollknäuel ist längst von Sonams Rücken herunten. Ausgelassen tollt er herum. Er wälzt sich im Gras, springt plötzlich auf und rast los. Das bringt alle zum Lachen. Die Stimmung in der Gruppe wird von Minute zu Minute heiterer.

„Wollt ihr noch lange weitergehen?", fragt Tenzin Gaden. Der Junge ist kaputt, und seine Zehen melden sich wieder. Sie tauen auf und das bedeutet schlimme Schmerzen für Tenzin.

„Nein, nicht mehr lange. Weiter vorne gibt es einen guten Lagerplatz, zu dem möchte ich."

Es dauert noch eine Stunde, bis sie die Almwiese erreicht haben, auf der Gaden lagern will. Es ist wirklich ein guter Platz. Am Abhang eines kleinen Grashügels kann man dort windgeschützt übernachten. Mittlerweile ist es dunkel. Kalt wird es immer noch, aber im Vergleich zur letzten Nacht in Tibet ist das fast harmlos.

Obwohl Tenzin todmüde ist, kann er nicht einschlafen. Das Pochen und Kribbeln in seinen Zehen wird unerträglich. Er versucht, nicht an den Schmerz zu denken, sondern an Indien und daran, dass sie den größten und schwierigsten Teil der Flucht hinter sich haben. Irgendwann ist die Müdigkeit stärker als die Schmerzen, sodass Tenzin in einen unruhigen Schlaf fällt.

Auch Tashi schläft tief und fest. Sie schnarcht sogar.

Am nächsten Morgen sind alle frisch, munter und ausgelassen. Nur Tenzin fühlt sich wie gerädert. Er kann den Schmerz kaum noch ertragen. Vorsichtig zieht er seine Socken aus.

„Oje", ruft Tashi entsetzt, als sie Tenzins Zehen sieht. An zwei Zehen haben sich riesige Blasen gebildet und ein dritter Zeh ist bräunlich verfärbt. Es sieht schlimm aus. Tashi springt auf und holt Gaden.

„Das sind böse Erfrierungen", erkennt der sofort.

„Was können wir tun?", will Tashi wissen.

„Nicht viel. Tenzin braucht Wärme und Flüssigkeit – und einen Arzt."

Wärme und Flüssigkeit, das ist kein unlösbares Problem, aber wo sollen sie einen Arzt hernehmen? Sonam reicht Tenzin eine große Schale Tee. Der Junge trinkt sie gierig leer. Sie wird wieder gefüllt, wieder leert er sie in einem Zug. So geht es noch sechsmal. Dann hat Tenzin einen glucksenden Wasserbauch.

In der Zwischenzeit hat die Sonne den Lagerplatz erreicht. Ihre Strahlen wärmen. Tashi zieht sogar ihren Anorak aus – zum ersten Mal seit langer, langer Zeit.

„Kannst du gehen, Junge?", fragt ihn der Anführer besorgt.

Tenzin nickt. Er weiß, er hat keine andere Wahl. Die letzten Wochen hat es immer irgendwie geklappt. Einer der Träger nimmt wortlos Tenzins Rucksack. Der Junge humpelt los. Die Männer sind ungewöhnlich still.

„Was ist los?", fragt Tashi.

„Das sag ich dir nachher", meint Gaden. Sogar Freches Wollknäuel spürt die merkwürdige Spannung. Er tollt nicht herum, bellt auch nicht jeden Grashalm an. Der Hund trottet einfach neben Tenzin her und schaut ihn aus seinen großen, dunklen Augen von unten an.

Drei Stunden geht das so. Doch plötzlich werden die Männer wieder lustig und ausgelassen und lachen los. Auch Freches Wollknäuel teilt laut bellend seine Begeisterung mit.

„Wir haben's geschafft", ruft Gaden.

Die Zwillinge schauen sich an. Sie kapieren zwar nicht, was sie geschafft haben, aber die Ausgelassenheit der Männer ist ansteckend. Auf einmal haben sie das Gefühl, dass der Rest ihrer Reise ein Kinderspiel ist.

Gaden erklärt: „Wir haben alle keinen Ausweis und keine offizielle Genehmigung nach Nepal zu reisen. Meistens gibt es auf diesen kleinen Pfaden keine Kontrollen. Zu viel Aufwand für die Chinesen und die Nepalesen. Aber man kann nie wissen. Darum waren wir alle angespannt und wollten möglichst leise durch das Tal schleichen. Jetzt sind wir endgültig aus der kritischen Zone. Heute Abend kommen wir in ein Dorf.

Dort geben wir unsere Lasten ab. Wir werden einen Tag Rast machen und dann wieder zurückgehen. Für euch sind es noch drei oder vier Tagesmärsche bis Kathmandu."

Die Kinder sind völlig aus dem Häuschen. So nah sind sie an der nepalesischen Hauptstadt. Unglaublich. In Kathmandu sind sie in Sicherheit.

Der Abschied von den Männern ist herzlich. Die Kinder sind Sonam, Gaden und den anderen Trägern unendlich dankbar. Ohne sie wären sie sicherlich nicht so problemlos nach Nepal gekommen – wenn man von den Flussabenteuern und der Qual über den Nangpa-La-Pass absieht.

„Danke, Gaden", sagt Tashi zum Abschied. „Du hast mir das Leben gerettet. Ohne dich wäre ich wahrscheinlich im Fluss ertrunken."

„Viel Glück", wünscht ihnen Gaden nur, der kein Freund von großen Worten ist, lächelt Tashi an und zwinkert ihr zu.

Sonam gibt Freches Wollknäuel einen zärtlichen Klaps und boxt Tenzin freundschaftlich in die Seite. „Bis Kathmandu musst du noch durchhalten. Dort gibt es Ärzte, die nach deinen Zehen sehen."

Tenzin nickt und drückt allen zum Abschied fest die Hand.

Die Träger, die Nomaden, Meto, Ugen, Kelsang, Tsering, Norbu, der Lastwagenfahrer und die Mönche – so viele Menschen haben den Zwillingen geholfen. Trotz des hohen Risikos für sich selbst haben sie nicht gezögert, den Kindern zu helfen. Ohne diese Menschen hätten es Tashi und Tenzin nie nach Nepal geschafft. Aber wahrscheinlich werden sie keinen ihrer Helfer jemals wiedersehen, und sie werden sich nie richtig bei ihnen bedanken können. Das macht ihn bei aller Freude ein bisschen traurig.

Ankunft in Kathmandu

Der restliche Weg nach Kathmandu ist fast ein Kinderspiel. Es ist so warm, dass sie tagsüber nicht einmal mehr ihre Anoraks brauchen. Im Freien zu übernachten ist auch kein Problem mehr. Und das Beste ist: Sie sind ein paarmal nepalesischen Polizisten über den Weg gelaufen, aber die haben sich überhaupt nicht für sie interessiert. Drei Tage später ist es so weit: Zwei abgemagerte und dreckige Kinder und ein Hündchen stehen mit großen Augen in Kathmandu. Einen Ort wie diesen haben sie sich nicht vorstellen können. Sie haben schon Shigatse für eine riesige Stadt gehalten, aber Kathmandu muss mindestens zehnmal so groß sein. Der Weg von den ersten Häusern bis ins Stadtzentrum hat über eine Stunde gedauert. So viele Farben, Gerüche und Geräusche bombardieren sie. Die Eindrücke sind zu viel für ihre Augen, ihre Ohren und Nasenlöcher. Nach wenigen Minuten tränen die Augen, es kitzelt ununterbrochen in der Nase und die Kinder müssen ständig husten. Kathmandu ist nicht nur die größte Stadt in Nepal und in der ganzen Himalaja-Region. Kathmandu ist auch die dreckigste Stadt.

Tashi und Tenzin, die nur frische saubere Bergluft kennen, können in den Abgasen kaum atmen. Wo kommen all die Autos und Mopeds her? Hier fahren so viele Autos, dass es auf den Straßen meistens nur im Schritttempo vorangeht. Ständig wird gehupt. Aus Autoradios tönt ohrenbetäubende Musik. Dazwischen wuseln Menschen umher: Eine Frau verkauft Gurken, ein Mann preist lauthals Zahnschmerztabletten an, drei Burschen balancieren meterhohen Schaumstoff durch das Gewühl, ein Schuhputzer baut seinen kleinen Stand auf dem Gehweg auf, ein paar Kühe durchstöbern den Müll, eine Pferdekutsche quetscht sich an ihnen vorbei. Die Zwillinge setzen sich an den Straßenrand. Ihr Hund drängt sich Schutz suchend zwischen sie.

„Habt ihr euch verlaufen?", spricht sie plötzlich eine Ladenbesitzerin an.

„Nein, äh, ja oder, wir wissen nicht wohin", stammelt Tashi. Sie wundert sich, dass die Frau tibetisch redet.

„Seid ihr Flüchtlinge?"

Die Kinder nicken.

„Dann müsst ihr ins Aufnahmelager. Alle Flüchtlinge aus Tibet gehen zuerst dorthin. Da wird man euch weiterhelfen. Wisst ihr, wo das ist?"

Die Kinder schütteln den Kopf. Die Frau winkt einen jungen Mann heran, der gelangweilt auf seinem Moped sitzt. „Mein Schwager", erklärt sie und wendet sich an den Mann.

„Tu ausnahmsweise mal was Sinnvolles und bring die beiden ins Aufnahmelager", sagt sie zu dem Fahrer. Die Zwillinge quetschen sich auf das kleine Gefährt. Es ist wenig Platz auf dem Sitz, darum stopfen sie Freches Wollknäuel wieder in den Rucksack. Das Tier ist von dem Krach und Gestank so verwirrt, dass es alles mit sich machen lässt. Der Mann rast in einem irrsinnigen Tempo im Slalom durch das Verkehrschaos. Tashi und Tenzin haben eine Heidenangst. Vor einem großen Gebäude bremst der Mopedfahrer endlich ab. „Viel Glück", meint er und rast weiter.

Die Kinder gehen durch die offene Tür einen Flur entlang. Im Vergleich zum Chaos und Krach draußen herrscht hier wunderbare Ruhe. Vor einer Tür mit der Aufschrift „Büro" bleiben die beiden stehen, atmen tief durch, klopfen und treten ein. Ein älterer Herr mit gutmütigem Lächeln sitzt hinter dem Schreibtisch.

„Guten Tag, wer seid ihr denn?", fragt er.

„Tashi und Tenzin – und Freches Wollknäuel." Als der Hund seinen Namen hört, setzt er sich aufrecht hin und bellt.

Der Mann lacht. „Kommt ihr aus Tibet?"

Die Kinder nicken.

„Seid ihr allein gekommen? Ganz allein über die Berge?"

„Fast allein."

„Unglaublich, unglaublich", murmelt der Mann beeindruckt vor sich hin. Bevor er noch viele Fragen stellen kann, knurrt Tashis Magen entsetzlich laut. Vor zwei Tagen ist das Tsampa ausgegangen. Seit zwei Tagen haben sie außer ein paar Äpfeln, die sie vom Boden aufgelesen haben, nichts mehr gegessen. Ohne lange zu überlegen, schnappt der Mann alle drei und bringt sie in die Küche.

„Sie sollen sich satt essen", sagt er zum Koch. „Dann sollen sie duschen."

Das Essen schmeckt köstlich. Es gibt Momos. Ausgerechnet ihr Lieblingsessen steht zur Begrüßung auf dem Speiseplan. Die Kinder lassen sich die heiße Suppe mit den leckeren Teigtaschen schmecken. Sie essen und essen und essen.

Als sie vor lauter Essen kaum noch laufen können, führt der Koch sie zur Dusche. So etwas haben die Zwillinge noch nie gesehen. Daheim haben sie sich in einer Schüssel gewaschen, im Sommer sind sie einfach in den Fluss gesprungen. Aber hier kommt das Wasser aus der Wand. Unglaublich. Etwas skeptisch ziehen sie ihre Kleider aus. Zum ersten Mal seit Monaten. Die Kleider stinken mindestens genauso schrecklich wie die Zwillinge.

Eine Frau bringt Handtücher und frische Kleider. Als sie Tenzins verfärbte Füße entdeckt, erschrickt sie. „Hast du Schmerzen?"

„Ja, schon", erwidert Tenzin zerknirscht. Er schaut auf seine Zehen, ein paar Blasen sind aufgeplatzt und eitern. Der kleine Zeh ist immer noch dunkel verfärbt.

„Ich bring dich nachher zum Doktor. Aber jetzt duscht erst mal", meint die Frau.

Als sie die hilflosen Gesichter der Kinder sieht, dreht sie die Dusche auf und zeigt ihnen, wie sie die gewünschte Wassertemperatur einstellen können. Dann drückt sie jedem noch ein Stück Seife in die Hand und verschwindet. Zuerst zaghaft, dann voller Begeisterung stellen sich die Kinder unter die Dusche.

Tenzin beißt die Zähne zusammen. Denn als das Wasser über seine Zehen läuft, schmerzen sie, wie wenn Jod in eine offene Wunde geträufelt würde. Nach ein paar Minuten hat sich der Junge ein wenig an den Schmerz gewöhnt, so kann auch er die erste Dusche seines Lebens einigermaßen genießen. Immer wieder seifen sich die beiden ein und lassen den heißen Wasserstrahl über ihre Körper laufen. Bis sie vor lauter Dampf und Hitze nichts mehr sehen können.

„Jetzt ist es aber genug", ruft die Frau lachend herein. „Trocknet euch ab und zieht euch an."

So frisch und sauber haben sich die Zwillinge in ihrem ganzen Leben noch nicht gefühlt. Die Kleider, die die Frau hingelegt hat, passen einigermaßen. Aber Tenzin sind die Hosen viel zu lang, dafür reichen die Ärmel von Tashis Pullover nur bis über die Ellenbogen. Sie kichern.

„Oje", ruft die Frau aus, als sie Tashi und Tenzin sieht. Nicht wegen der Kleider, sondern wegen ihrer Haare. Die sind völlig verfilzt und verklebt. Erst bugsiert sie Tenzin zum Arzt, dann kommt sie mit einem Kamm zu Tashi. Sie versucht, das Haar des Mädchens zu entwirren. Vergebens. Tashi hatte die ganze Zeit über einen Zopf getragen. Doch sie hat die Haare nie gekämmt oder gewaschen. Die Frau gibt das Kämmen auf, nimmt die Schere und verpasst Tashi eine Kurzhaarfrisur.

Der Zeh muss weg

Währenddessen zeigt Tenzin Doktor Pema, dem Arzt, seinen rechten Fuß.

„Wie lange hast du die Verfärbung und die Blasen schon?", will der Arzt wissen. Erfrierungen sind sein Spezialgebiet, denn viele Flüchtlinge kommen in Kathmandu mit Erfrierungen an.

Tenzin zuckt mit den Schultern. „Weiß nicht so genau. Als wir das erste Mal durch den Schnee mussten, da hat's angefangen mit den Schmerzen. Aber schwarz war da noch nichts. Und die Blasen, die hab ich noch nicht so lange."

„Spürst du das?"

„Autsch, und ob!"

Der Arzt hat auf die Zehen gedrückt. Aber in dem verfärbten kleinen Zeh hat der Junge kein Gefühl.

„Da ist nichts mehr zu machen", sagt der Arzt. „Tut mir leid."

„Was … was wollen Sie damit sagen?" Tenzin schaut den Arzt verwirrt an.

„Tja, Junge, diesen Zeh kann ich nicht mehr retten. Leider. Ich muss ihn amputieren."

Tenzin schluckt. Er möchte seinen Zeh nicht verlieren! Reglos sitzt der Junge da.

„Vielleicht erholt er sich ja noch. Können wir nicht

noch ein bisschen warten, Herr Doktor?" Tenzin gibt nicht auf.

Doch der Arzt schüttelt den Kopf. „Nein, du musst heilfroh sein, wenn sich die anderen zwei Zehen erholen. Glaub mir, wenn ich nicht hundertprozentig sicher wäre, würde ich gerne abwarten." Nach einer Pause fügt er hinzu. „Ich schlage vor, wir machen die Operation gleich morgen Früh, dann haben wir es hinter uns. Wenn wir noch länger warten, kann es außerdem eine schlimme Infektion geben, dann ist erst recht nichts mehr zu machen."

Tenzin hat die ganze Zeit gegen die Tränen angekämpft. Jetzt, draußen vor der Tür, kann er sie nicht mehr zurückhalten. Er schluchzt hemmungslos. Wie ein Häufchen Elend kauert er auf dem Flur und weint.

„Was ist denn mit dir los?", fragt eine Jungenstimme.

Tenzin blickt auf. Vor ihm steht ein Junge, der bestimmt einen Kopf größer ist als er.

„Schlechte Nachricht", flüstert Tenzin und wischt sich die Tränen weg.

„Warst du bei Doktor Pema?"

Tenzin nickt.

„Dann kann ich mir deine schlechte Nachricht lebhaft vorstellen", erwidert der Junge und zeigt auf den Verband an seiner linken Hand.

Tenzin steht auf, wischt sich mit dem Ärmel über die Nase und schaut den Jungen fragend an.

„Amputiert", sagt der nur, „alle fünf Finger."

Tenzin starrt ihn mit aufgerissenem Mund an. Noch

bis vor einer Minute dachte er, er sei der ärmste Mensch auf der ganzen Welt, der morgen seinen kleinen Zeh verlieren wird. Und nun lernt er diesen Jungen kennen, der an einer Hand keinen einzigen Finger mehr hat.

„Ist das auch auf der Flucht passiert?"

Der Junge nickt. „Ich war mit einer Gruppe Flüchtlingen und einem Schlepper unterwegs. Wir kamen im Schnee prima voran, aber mir war in der Höhe so verdammt schwindlig. Alles drehte sich. Dann bin ich ausgerutscht und kopfüber den Hang runtergestürzt. Ich hatte Glück, denn ich bin in keine Gletscherspalte gefallen und gegen keinen Felsen gekracht. So musste ich nur den verschneiten Hang wieder hochklettern. Doch beim Sturz habe ich meinen Handschuh verloren. Den Rest kannst du dir denken. Als ich in Kathmandu ankam, waren meine Finger rabenschwarz, geschwollen und mit Blasen übersät. Es gab keine Rettung mehr."

„Hat es wehgetan?", fragt Tenzin.

„Meinst du die Amputation? Nein, die hab ich nicht gespürt. Wegen der Narkose. Die Schmerzen davor, die waren kaum auszuhalten. Aber das kennst du ja."

Tenzin nickt. „Wie heißt du?"

„Lobsang. Ich komme aus Lhasa."

„Mein Bruder heißt auch Lobsang. Er ist noch in Tibet, aber meine Zwillingsschwester Tashi ist hier. Ich heiße Tenzin."

„Ich bin auch mit meinem Bruder los", erzählt Lobsang mit leiser, trauriger Stimme. „Aber, er hat es nicht geschafft." Jetzt weint Lobsang. Sein Bruder ist eines von vielen Kindern, die die Strapazen der Flucht nicht überlebt haben. Was mit ihm geschehen ist, darüber schweigt Lobsang. Die Erinnerung schmerzt sehr.

„Hallo, na, gehen wir Fußball spielen?" Es ist Tashi, die endlich ihren Bruder entdeckt hat. Tenzin schluckt. Fußball spielen, ob er das nach der Operation noch kann?

„Was ist los, hat's dir die Sprache verschlagen?" Tashis Laune ist ausgezeichnet. „Was sagst du zu meiner neuen Frisur? Und hast du schon unsere Schlafplätze gesehen?" Das Mädchen trägt Freches Wollknäuel auf dem Arm. Sie ist nicht zu bremsen.

„Mir wird ein Zeh amputiert", platzt Tenzin ins Geplauder seiner Schwester. Sofort ist ihre gute Laune weggewischt.

„Oh nein! Ist gar nichts mehr zu machen? Vielleicht wenn du noch ein bisschen abwartest."

„Nein, Tashi. Das hab ich dem Arzt auch vorgeschlagen. Aber er sagt, dass morgen amputiert wird, weil ich sonst noch mehr Zehen oder den ganzen Fuß verlieren könnte." Bei der Vorstellung läuft es Tenzin kalt über den Rücken.

„Ich glaube, Pema ist ein guter Arzt. Er versteht was von seinem Beruf", mischt sich Lobsang ein und hebt wie zum Beweis die linke Hand in die Höhe.

Tashi starrt sprachlos auf den Verband.

„Du auch?", stammelt sie.

Lobsang nickt, dann sagt er zu Tenzin: „Kicken, das dürfte kein Problem sein. Vielleicht nicht gerade übermorgen. Aber in ein paar Wochen geht das bestimmt wieder. Welcher Zeh kommt denn weg?"

Tenzin versucht ein schiefes Lächeln. Lobsang macht ihm etwas Mut.

„Der kleine Zeh wird auf jeden Fall amputiert. Die nächsten zwei sehen auch übel aus, aber der Arzt meint, die können vielleicht noch gerettet werden." Zu Tashi sagt er: „Ich schätze wir verschieben das Fußballspiel um ein paar Wochen." Nach einer Weile bemerkt er, dass seine Schwester anders aussieht. „Tashi, was ist mit deinen Haaren passiert?" Erst jetzt erkennt Tenzin, dass seine Schwester raspelkurze Haare wie eine Nonne hat.

„Waren einfach nicht mehr zu retten", antwortet Tashi. „Gefällt's dir?"

„Du siehst ein bisschen wie Ugen aus", spottet ihr Bruder grinsend.

Tashi verzieht das Gesicht und greift sich in die kurzen Haare.

„Oder wie ein rasierter Hund", schlägt Lobsang lachend vor. Als ob Freches Wollknäuel auf sein Stichwort gewartet hätte, macht er sich bemerkbar.

„Der ist ja drollig", schwärmt Lobsang und streichelt das schwarze Fell.

„Und ganz schön frech", fügt Tashi hinzu.

Lobsang, ein neuer Freund

Mittlerweile sind die Kinder in den Hof spaziert. Sie setzen sich in die wärmende Sonne. Freches Wollknäuel beschnuppert alles und jeden. Alle scheinen ihn zu mögen. Er wird mit Streicheleinheiten verwöhnt.

„Seit wann bist du hier?", will Tenzin wissen.

„Seit zwei Wochen", antwortet Lobsang. „Nun warte ich, bis der nächste Flüchtlingsbus nach Dharamsala fährt. Wenn meine Wunde bis dahin gut verheilt ist, bin ich dabei. Ich kann es kaum erwarten, den Dalai-Lama zu sehen."

„Ja, wir auch", ruft Tenzin. Vor lauter Aufregung und Freude vergisst er für eine Weile die bevorstehende Operation. „Da kann man mit dem Bus hinfahren?" Tenzin hatte sich schon ausgerechnet, dass sie noch einmal fast zwei Monate brauchen würden, um bis Dharamsala zu laufen.

„Ja." Lobsang kennt sich schon aus. „Alle paar Wochen bringt ein Bus die neu angekommenen Flüchtlinge nach Dharamsala in Indien. Dann sind wir endlich am Ziel unserer Reise."

„Weißt du, wann der nächste Bus fährt?"

Lobsang schüttelt den Kopf. „Nein, aber ich hoffe, bald."

Dann erzählt er den Zwillingen, was er über Dharamsala weiß. Der Junge redet viel. Immer wenn die schrecklichen Erlebnisse der letzten Wochen in ihm aufsteigen, fängt er an zu reden. Das lenkt ihn ab.

„Wisst ihr denn schon, was ihr in Dharamsala machen möchtet?", fragt er darum die Zwillinge.

Die schauen sich an und schütteln den Kopf. Sie waren die ganze Zeit so beschäftigt nach Nepal zu kommen, dass sie nicht daran gedacht haben, was in Dharamsala passieren wird. Irgendwie würde dort schon alles gut werden.

„Wir müssen uns dort erst mal umschauen und uns einen Schlafplatz suchen", antwortet Tenzin.

„Das ist einfach. Alle Flüchtlinge sind am Anfang zusammen untergebracht", berichtet Lobsang.

„Woher weißt du das?"

„Das hab ich hier erfahren. Bin ja schon eine Weile hier."

„Ich bin so müde, ich könnte auf der Stelle einschlafen", sagt Tenzin erschöpft. Nach all den Monaten der Ungewissheit, der Anspannung und der Angst, überfällt ihn plötzlich eine bleierne Müdigkeit.

„Ich zeige dir unsere Schlafplätze." Tashi nimmt ihren Bruder am Arm und führt ihn zum Stockbett.

Keine drei Minuten später ist Tenzin eingeschlafen.

„Der hat's gut", meint Lobsang. „Ich kann nachts kaum schlafen. Und wenn, dann träume ich von der Flucht: Ich möchte meinen kleinen Bruder, Dawa, in der Schneehöhle wachrütteln. Ich rüttle und rüttle, doch Dawa schlägt die Augen nicht auf. Meistens sitze ich danach schweißgebadet im Bett. Es ist so schlimm, dass ich Angst vor diesem Traum habe. Darum möchte ich am liebsten überhaupt nicht mehr schlafen."

Tashi schaut Lobsang voller Mitleid an. Sie weiß nicht, was sie sagen soll. Aber irgendwie möchte sie Lobsang aufheitern. Darum schlägt sie vor: „Wollen wir uns morgen zusammen die Stadt ansehen?"

Lobsang nickt.

„Och, das ist gemein! Ihr vergnügt euch, während ich meinen Zeh verliere", mault Tenzin beleidigt, als er am nächsten Morgen davon erfährt.

„Aber deine Schwester darf bei der Operation sowieso nicht dabei sein. Und danach wirst du schlafen. Glaub mir, ich kenn mich aus", meint Lobsang altklug.

„Trotzdem …", erwidert Tenzin. Er hat mehr Mitgefühl erwartet.

„Na gut, dann sitze ich eben den ganzen Tag im Flur, anschließend an deinem Bett und warte, bis du aufwachst", sagt Tashi.

Natürlich sagt sie das so, dass Tenzin nicht anders kann als zu sagen: „Na, dann geh halt in die Stadt. Aber die nächsten Tage, wenn ich wach bin, möchte ich unterhalten werden."

„Jawohl, Bruderherz. Und das funktioniert am besten, wenn ich dir berichte, was es in Kathmandu zu sehen gibt. Meine Gedanken werden sowieso bei dir sein. Ehrenwort."

„Meine auch", fügt Lobsang hinzu.

Während Tenzin operiert wird, streifen Lobsang und Tashi durch Kathmandu. Freches Wollknäuel lassen sie lieber im Aufnahmelager. An den Lärm und die schlechte Luft kann sich das Mädchen nicht gewöhnen. Schon nach kurzer Zeit hustet sie wieder. Lobsang geht es ähnlich. Dazu noch die vielen Farben und Menschen, bei all dem Gewirr in den Gassen werden die Kinder regelrecht seekrank. Am meisten staunt Tashi über die großen Menschen mit der hellen Haut und dem Haar, das wie Stroh aussieht. Viele von ihnen tragen schwere Rucksäcke.

„Das sind Leute aus Europa und Amerika. Die wollen in die Berge", sagt Lobsang fachmännisch. Er ist ja bereits seit ein paar Wochen in der Stadt.

„Oh, sind die auch auf der Flucht?"

„Quatsch, die machen das zum Vergnügen."

Tashi schaut ihn skeptisch an. „Zum Vergnügen? Den eiskalten Wind, die Schneemassen, die Lawinen und Gletscherspalten, all das sollen diese Leute zum Vergnügen sehen wollen? Das glaub ich nicht! So verrückt ist niemand!"

Lobsang zuckt die Schultern. Eigentlich kann er sich auch nicht vorstellen, dass irgendjemand freiwillig in die Berge geht. Aber so wurde es ihm erzählt.

„Warst du hier schon in einem Laden?", fragt Lobsang.

Tashi schüttelt den Kopf. Sie sind gerade in der Nähe eines Tempels, da biegt Lobsang mit ihr in einen Souvenirladen ab. Postkarten, Mützen und kleine gewebte bunte Rucksäcke, Räucherstäbchen, Ketten, Reiseführer, Bücher, Bleistifte, Buntstifte und ein Regal voller Barbiepuppen. Tashi kommt aus dem Staunen nicht mehr raus. So einen Laden hat sie noch nie gesehen. Das Einzige, was ihr vertraut ist, ist der Duft der Räucherstäbchen. Sofort steuert das Mädchen auf ein Regal zu. Verzückt starrt sie auf die Barbies mit den blonden, langen, lockigen Haaren und den blauen Augen. Die Puppen tragen festliche Abendkleider in Pink oder Silber.

„Sind die schön, so wunderschön", flüstert Tashi.

Sie ist völlig in den Anblick versunken. Darum bekommt sie einen gehörigen Schreck, als ein Mann vor ihr steht, der auf sie einredet. In einer Sprache, die sie nicht versteht. Hilfe suchend blickt sie zu Lobsang. Der kapiert genauso wenig.

„Ich schaue mir Ihre schönen Puppen an", sagt Tashi und lächelt den Mann an. Er versteht sie zwar nicht, doch er lächelt zurück und macht eine einladende Geste. „Das soll wohl bedeuten, dass wir uns umschauen dürfen", übersetzt Tashi die Gebärdensprache. Wieder nickt sie dem Mann freundlich zu. Der lacht und hält Tashi eine Handvoll Bonbons unter die Nase. Sie kann den süßen Geschmack beinahe durchs Papier riechen. Zaghaft greift sie nach den Bonbons.

„Vielen Dank, Herr Ladenbesitzer, vielen Dank", sagt sie artig. Gerne würde sie sich richtig bedanken, sodass es der Mann auch versteht. Aber den Spruch mit den Nomadenkindern, die neue Weideplätze suchen, kann sie ja schlecht hier anbringen. Und etwas anderes kann sie auf Nepalesisch nicht sagen. Der Mann, der ihre Sprache nicht versteht, greift erneut in einen Plastikeimer und fischt zwei Lollis raus. Schnell greift Lobsang danach. Der Mann lacht immer noch, als die Kinder winkend den Laden verlassen.

Gierig stopfen sie sich zwei Bonbons in den Mund. Der klebrige Geschmack ist wunderbar weich und süß.

Die Kinder ziehen weiter, vorbei an einem wundersamen Schlangenbeschwörer, der einer Kobra zuflötet. In Zeitlupentempo schraubt sich die Schlange in die Höhe. Daneben fegt eine alte Frau den Dreck aus ihrer Wohnung, weiter vorne läuft eine Herde Ziegen quer über die Straße. Das Gehupe der Autos hört sich an wie ein unzumutbares Konzert ohne Dirigent. Die Ziegen erschrecken und stieben kreuz und quer auseinander. Der Zuckerwatteverkäufer fürchtet bei den aufgeschreckten Tieren um sein Hab und Gut. Noch mehr Hupen, noch mehr Durcheinander, das Chaos ist perfekt. Laufburschen balancieren ein Tablett mit vollen Teegläsern mitten durch die Gassen. Der Mann von dem Gemüsestand, der gerade eine heilige Kuh verscheuchen will, steht beschützend vor seinem Gemüse, fuchtelt wie verrückt mit den Armen und schreit unentwegt „sch, sch, sch". Tashi und Lobsang schütteln sich vor Lachen. Dieses Kathmandu ist eine verrückte Stadt. Es ist schön, es ist spannend, aber sie können sich nicht vorstellen, wie man hier auf Dauer leben kann.

Wann kann ich wieder Fußball spielen?

„Ist Tenzin wach?", fragt Tashi als Allererstes die Frau an der Pforte, als sie ins Auffanglager zurückkommen.

„Nein, aber du kannst dich zu ihm setzen. Dann ist er nicht allein, wenn er aufwacht."

Auf Zehenspitzen betritt Tashi das Zimmer. Tenzin schnarcht leise. Seine Schwester setzt sich auf den Stuhl neben seinem Bett.

Während Tenzin tief in der Narkose schlummert, schreibt das Mädchen einen langen Brief an ihre Familie in Tibet. Ausführlich schildert sie, wie es ihnen auf der Flucht ergangen ist, sie schreibt von all den Menschen, die ihnen geholfen haben, und von dieser merkwürdigen Stadt Kathmandu. Nur über ihr Heimweh und Tenzins Amputation verliert sie kein Wort. Tashi will die Eltern nicht beunruhigen.

Nachdem Tashi sieben Seiten eng beschrieben hat, seufzt Tenzin, gähnt und sagt: „Hallo, Tashi!"

„Hallo, Tenzin", erwidert seine Schwester liebevoll. „Wie fühlst du dich?"

Ehe sie eine Antwort bekommt, hat Tenzin schon wieder die Augen geschlossen.

„Hm?", hört sie ihn nur noch murmeln. Man kann nicht gerade behaupten, dass der Junge putzmunter wäre. Tashi greift nach seiner Hand und streichelt sie.

Ein leichtes Lächeln umspielt seine Mundwinkel, noch einmal seufzt er behaglich. Nach weiteren zehn Minuten schlägt Tenzin erneut die Augen auf.

„Wie fühlst du dich?", wiederholt Tashi die Frage von vorhin. „Hast du Schmerzen?" Da erst wacht Tenzin richtig auf.

„Was ist mit meinem Zeh?", fragt er erschrocken. Er wartet keine Antwort ab, sondern schlägt die Bettdecke zur Seite. Ein blütenweißer Verband ziert seinen Fuß. „Weg?", fragt er zaghaft.

„Ich denke schon", antwortet Tashi leise. Dem Jungen rinnen die Tränen über die Wangen.

Tashi versucht, ihren Zwillingsbruder abzulenken. Sie erzählt von Kathmandu, schildert das Chaos mit den Ziegen und den Autos auf komischste Weise. Sie spielt den Gemüsehändler, der seine Ware schützen will. Zum Schluss reicht sie Tenzin die Bonbons, die sie für ihn aufbewahrt hat. Aber so richtig kann sich Tenzin über all das nicht freuen. Als Pema, der Arzt, ins Zimmer kommt, will Tenzin sofort wissen: „Ist mein kleiner Zeh wirklich weg?"

„Ja. Es gab keine andere Möglichkeit. Aber ich denke, die anderen beiden Zehen sind zu retten. Du musst jetzt noch drei Tage im Bett bleiben, dann bekommst du Krücken."

„Und wann kann ich wieder kicken?"

„In sechs bis acht Wochen", meint Pema lachend. „Und auf Bäume klettern und über Mauern hopsen und im Schnee rutschen."

„Nein, danke, Schnee brauche ist so schnell nicht mehr", sagt Tenzin.

Jetzt weiß er, dass sein Leben in ein paar Wochen wieder relativ normal verlaufen kann.

„Können wir mit dem nächsten Bus zum Dalai-Lama fahren?", fragt er ungeduldig.

„Na, na, nicht so hastig", beschwichtigt Pema. „Zuerst mal muss die Wunde gut heilen, dann sehen wir weiter. Ist doch egal, ob ihr ein paar Tage früher oder später in Dharamsala ankommt."

Tashi nickt, ihr gefällt es in der verrückten Stadt.

Tenzin dagegen brennt darauf, so bald wie möglich nach Indien zu kommen. „Ich werde alles tun, damit ich schneller gesund werde als alle vor mir", sagt er voller Entschlossenheit.

Seit drei Wochen sind die Kinder nun in Kathmandu. Tashi kennt sich in der Stadt schon bestens aus. Auf Krücken hat auch Tenzin ein paar kurze Ausflüge gemacht. Doch so toll wie seine Schwester findet er die chaotische Stadt nicht. Vor allem denkt er immer wieder über die Kinder nach, die in der Ziegelfabrik arbeiten müssen. Sie sind von oben bis unten mit feinem roten Staub bedeckt. Der feine Staub kriecht in die Ohren, die Nasenlöcher, in den Mund und in die Lungen. Deshalb husten die Kinder unentwegt, oder sie niesen und spucken aus.

„Da ist Schafe zu hüten doch viel, viel besser", meint Tenzin sehr ernst.

Freches Wollknäuel begleitet die beiden manchmal auf ihren Streifzügen durch die Stadt. Aber die vielen Autos sind dem kleinen Hund nicht geheuer. Er hat ja bisher nur Schafe und Yaks gesehen. Darum knurrt Freches Wollknäuel jedes Auto an. Aber er muss lernen, dass diese merkwürdigen Tiere sich für sein Bellen und Knurren kein bisschen interessieren.

Tenzins und Tashis neuer Freund Lobsang ist vor zehn Tagen nach Dharamsala abgereist. Er war sehr aufgeregt. Die drei haben verabredet, dass sie sich dort treffen werden. Tenzin kann schon richtig gut mit den Krücken umgehen. Die Kinder schreiben täglich Briefe an ihre Eltern und Freunde zu Hause. Auch an Meto haben sie einen langen Brief verfasst. Hier im Lager haben sie jemanden kennen gelernt, der in ein paar Tagen zur tibetischen Grenze aufbrechen will. Dem wollen sie die Briefe mitgeben. Und der soll sie dann an Träger, Nomaden oder Schlepper weiterreichen, die zurück nach Tibet gehen. Wer weiß, vielleicht dürfen ja am Ende sogar noch Gaden oder Sonam für sie Briefträger spielen. Tashi und Tenzin freuen sich, dass ihre Familie in einigen Wochen hoffentlich wissen wird, dass sie am Leben sind und dass es ihnen gut geht.

Manchmal spazieren die Zwillinge ein bisschen durch die verrückte Stadt. An den Verkehr werden sie sich allerdings nie gewöhnen. Einen Großteil des Tages verbringen sie im Hof, spielen mit anderen Flüchtlingskindern, erzählen sich gegenseitig von ihren Erlebnissen und erholen sich. Nicht alle Flüchtlinge reden gerne über ihre letzten Wochen und Monate. Manche wollen die furchtbaren Erlebnisse, die sie auf der Flucht erlebt haben, lieber verschweigen, verdrängen und vergessen. Die Zwillinge genießen es, dass sie täglich eine warme Mahlzeit bekommen. Meistens ein Reisgericht. Nach den vielen, vielen Wochen mit Tsampa, ist Reis eine herrliche Abwechslung. In Dubehi war Reis fast ein Luxusgut.

Ihre neue Leidenschaft heißt duschen. Täglich stehen sie unter dem Wasserstrahl. Auch Tenzin, obwohl sein Verband nicht nass werden darf. Darum nimmt er sich immer einen Hocker mit, stellt seinen Fuß darauf und steht mit Krücken unter der Dusche. Den verbundenen Fuß streckt er weit genug von sich, sodass dieser trocken bleibt.

Die Wunde verheilt

Endlich ist es so weit. In vier Tagen wird der nächste Bustransport losfahren, hat ihnen der Mann im Büro erzählt. Tenzin rennt aufgeregt zu Pema. „Was meinen Sie? Kann ich jetzt nach Indien?" Der Junge ist mitten in die Sprechstunde reingeplatzt.

„Komm bitte in einer Stunde noch einmal", meint der Arzt.

Ungeduldig wartet Tenzin. Nach fünfzig Minuten hält er es nicht mehr aus. Er klopft. Lächelnd wickelt Pema den Verband ab.

„Mir geht es prima. Ich komme gut ohne Krücken klar", sprudelt es aus Tenzin raus. „Äh, manchmal", fügt er schleunigst hinzu, denn der Arzt hat ihm noch nicht erlaubt, ohne Krücken zu gehen. Als er seinen Fuß sieht, verstummt Tenzin. Zum ersten Mal sieht er ihn ohne den kleinen Zeh. Er kommt sich vor wie ein Krüppel.

„Oh nein, oh nein", stammelt Tenzin vor sich hin.

„Das sieht gut aus", erwidert Pema stattdessen. „Die Wunde verheilt wunderbar. Die anderen zwei Zehen haben sich erholt, die sind außer Gefahr. Wenn du mir versprichst, dich noch ein bisschen zu schonen, regelmäßig den Verband zu wechseln und mit dem Fußballspielen noch ein paar Wochen zu warten, steht der Reise nach Indien nichts mehr im Wege."

Obwohl dies die Nachricht ist, auf die Tenzin sehnsüchtig gewartet hat, kann er sich im Moment nicht freuen. Wie gebannt starrt er auf seinen verstümmelten Fuß. Auf einmal kommen die Tränen. Er schluchzt.

Alles ist wieder da: das Heimweh nach seiner Familie, die Strapazen der Flucht, die Ungewissheit, wie es weitergehen wird, die Sehnsucht nach Geborgenheit. Tenzin fühlt sich plötzlich schrecklich einsam, klein und ängstlich.

Pema scheint die Gedanken zu ahnen. Er nimmt den weinenden Jungen in die Arme. Tenzin klammert sich an den starken Mann. Der Arzt hält ihn fest, bis sich Tenzin beruhigt hat.

„Tashi und du, ihr seid tolle Kinder. Mutig, stark und sehr, sehr tapfer. Was ihr geschafft habt, das schaffen nur wenige. Eure Eltern sind sehr stolz auf euch. Alle Tibeter sind sehr stolz auf euch."

Im Moment fühlt sich Tenzin alles andere als mutig, stark und tapfer. Er fühlt sich wie ein kleiner Junge, der seine Familie schrecklich vermisst und der soeben seinen verstümmelten Fuß gesehen hat.

„Geht es wieder?", fragt Pema und wischt Tenzin die Tränen weg. „Ich gebe dir die Adresse meiner Schwester. Sie lebt schon seit Jahren in Dharamsala und kennt sich ausgezeichnet in der Stadt aus. Außerdem ist sie sehr nett. Yangdol freut sich immer über Besuch."

„Danke." Tenzin steckt den Zettel mit Yangdols Adresse achtlos ein.

„So, nun verpasse ich dir einen neuen Verband und

dann sieh zu, dass ihr einen guten Platz im Bus ergattert." Zärtlich fährt Pema dem Jungen über den Kopf. „Ich weiß nicht, ob ich mich freuen oder traurig sein soll", sagt der Arzt auf einmal sehr nachdenklich. Immer noch streichelt er Tenzin, gedankenverloren redet er weiter: „Natürlich freut es mich, dass es immer wieder Tibeter schaffen, nach Nepal zu kommen, und ein neues, ein besseres, ein freies Leben zu beginnen. Andererseits ist es so traurig, dass wir aus Tibet flüchten müssen, nur um in Freiheit leben zu können. Und am schlimmsten trifft es euch Kinder. Ihr begebt euch in Todesgefahr, um hierher zu kommen." Er macht eine lange Pause. Tenzin schaut ihn an, aber Pema reagiert nicht, sondern spricht weiter.

„Meine Familie ist auch geflohen, als ich noch ein kleiner Junge war, fast dreißig Jahre ist das jetzt schon her. Die ganze Familie. Wir hatten Glück, dass wir alle heil in Nepal angekommen sind. Aber tausende von Tibetern haben es nicht geschafft. Sie mussten auf der Flucht ihr Leben lassen."

Dem Doktor stehen Tränen in den Augen. Er weint um die Menschen, die die Flucht nicht überlebt haben, und weil er sein geliebtes Tibet wahrscheinlich nie wiedersehen wird.

Eigentlich sollte Tenzin überglücklich zu Tashi humpeln und ihr freudestrahlend berichten, dass Pema die Reise nach Indien genehmigt hat. Doch er kann sich nicht freuen. Er legt sich aufs Bett und denkt unentwegt an seinen Zeh. Als er ihn hatte, war er nichts Besonderes. Und jetzt? Jetzt ist er unwiederbringlich weg. Er bewegt die übrigen Zehen unter dem Verband. Er versucht, sie zu spüren, einen nach dem anderen. Es gelingt ihm nur mit Mühe. Die Tränen schießen ihm wieder in die Augen.

So findet ihn Tashi. Schweigend legt sie sich neben ihn aufs Bett und schmiegt sich an ihn. Sie möchte Tenzin trösten. Seit Kathmandu kennt auch Tashi die traurigen Augenblicke nur allzu gut. Während der Flucht hatten sie keine Zeit über ihr Schicksal nachzudenken. Sie mussten weiter, sie mussten überleben. Nur bei Meto in den Bergen konnten sie ihren Gedanken nachhängen. Doch damals war Tashi zu erschöpft, um viel zu grübeln. Seit Kathmandu ist aber eine Last von ihren Schultern gefallen. Sie haben es tatsächlich geschafft. Der tägliche Kampf ums Überleben, die Furcht vor Kontrollposten sind vorbei. Die Kinder können sich erholen. Sie warten nur darauf, nach Dharamsala gebracht zu werden. In dieser vergleichsweise sorgenfreien Zeit machen sich auf einmal Traurigkeit, Angst und Einsamkeit in ihnen breit.

Die letzte Station: Indien

Als die Zwillinge ein paar Tage später im Bus sitzen, sind sie wie bei ihrer ersten Busfahrt nach Lhasa auf den Sitzen eingequetscht. Freches Wollknäuel sitzt hechelnd auf Tenzins Schoß. Die Kinder und der Hund schwitzen. Nicht nur die Enge im Bus macht ihnen zu schaffen, sondern auch die schwüle Witterung. Tashi und Tenzin sind Kinder der Berge und trockenes, kühles Wetter gewohnt. Aber auf der Fahrt nach Indien ist es schwülheiß. Es regnet pausenlos. Dabei hat man ihnen gesagt, dass die Regenzeit in Indien schon vorbei sei.

Die Gesichter der Kinder sind aufgeschwemmt, ihre Lippen sind spröde und rissig. Sie fühlen sich matt. Und dann diese blöden Insektenstiche, die fürchterlich jucken! Überall haben die Viecher große Beulen hinterlassen. Ständig müssen sich die beiden kratzen.

Alle im Bus haben gute Laune. Schließlich ist dies die letzte Station ihrer langen, beschwerlichen Reise.

Plötzlich stoppt der Bus.

„Was ist los?", rufen ein paar Leute dem Fahrer zu.

„Grenze", antwortet der kurz angebunden.

Tashi und Tenzin schauen sich an. Das Wort Grenze, das erinnert sie sofort an Kontrollposten. Und Kontrollposten an Ärger. Automatisch rutschen die Kinder fast unter den Sitz, machen sich so klein wie möglich.

Ihr Hündchen macht alles mit. Er scheint die Angst der beiden zu spüren. Als sich nach einer halben Stunde immer noch nichts bewegt, halten es die beiden in ihrer unbequemen Position nicht mehr aus. Ängstlich um sich schauend setzen sie sich wieder auf ihren Platz.

„Warum dauert das so lange?", fragt Tashi den Mann neben ihr.

„Keine Ahnung, der Busfahrer und die Grenzbeamten palavern noch. Sie schauen sich immer wieder den Bus an und die Grenzbeamten schütteln den Kopf."

„Können die uns verhaften?", fragt Tashi ängstlich. Beamte in Uniformen jagen ihr Angst ein.

„Nein, keine Angst. Die können uns nichts tun. Die wissen, dass wir auf dem Weg zu seiner Heiligkeit, dem Dalai-Lama, sind", meint der Mann und lächelt Tashi aufmunternd zu. Ihren Bruder macht die ungewisse Warterei nervös.

Nach einer weiteren halben Stunde steigt der Busfahrer endlich ein. Es wird mucksmäuschenstill. Der Fahrer erklärt: „Den indischen Grenzbeamten gefällt unser Bus nicht. Sie meinen, dass zu viele Menschen mitfahren, dass die Bremsen dafür zu schwach seien. Und es gibt noch andere Dinge, die ihnen nicht passen. Na ja, sie wollen uns nur weiterfahren lassen, wenn wir ihnen Geld geben."

„Hört denn das nie auf", mault der Mann, der eben noch Tashi freundlich angelächelt hat. „Ich habe diese Bestechungen so satt!"

Trotzdem greift er in die Tasche und holt ein paar

Geldscheine hervor. Schweren Herzens geben auch die Zwillinge ihr letztes Geld, das sie von Meto bekommen und im Aufnahmelager in nepalesisches Geld umgetauscht haben. Jeder der Flüchtlinge gibt ein paar Rupien, denn sie möchten alle weiter.

Nachdem die Grenzer das Geld gezählt haben, nicken sie zufrieden.

Freches Wollknäuel knurrt unter dem Sitz hervor.

„Was war das?", fragt einer der Beamten.

Alle Flüchtlinge zucken die Schulter. Jeder hat den Hund gehört, aber niemand weiß, ob es noch mal Ärger gibt, wenn die Grenzer das Hündchen entdecken.

„Was war das?", wiederholt er. „Vielleicht kann ich euch doch nicht weiterfahren lassen", droht er.

Die Kinder schauen sich an. Was sollen sie tun? Schweigen und hoffen, dass die Grenzbeamten sie in Ruhe lassen.

„Los, ich will wissen, was das war!" Der Mann brüllt jetzt.

Tenzin überlegt fieberhaft: Wenn wir nicht sagen, dass es unser Hund ist, kommen alle in Schwierigkeiten. Die Männer sehen grimmig aus, sie verstehen keinen Spaß. Aber was machen die Männer mit uns, wenn wir ihnen Freches Wollknäuel zeigen? Schicken sie uns zurück? Verdonnern sie uns zu einer Strafe? Wollen sie vielleicht noch mehr Geld?

„Es ist unser Hund", hört Tenzin seine Schwester sagen. „Freches Wollknäuel hat geknurrt."

„Wo ist das Miststück?", schreit der Grenzer.

Allen im Bus stockt der Atem. Die Zwillinge quetschen sich in den Gang, Tenzin hat Freches Wollknäuel auf dem Arm. Das Tier hasst Uniformen. Immer schon hat es die Kontrollposten angekläfft. Ist jetzt so kurz vor dem Ziel alles aus? Die Kinder sind kreidebleich.

Das Hündchen schaut den Grenzbeamten aus seinen dunklen Augen ganz ruhig an, leckt ihm sogar die Hand. Der Mann verzieht das Gesicht zu einem Grinsen und streichelt den Hund.

„Warum hat er geknurrt?"

„Ich … ich glaube … ich glaube, er hat Durst", stottert Tenzin.

„Und er schwitzt", fügt Tashi hinzu.

Der Mann nickt. „Los, bring eine Schale Wasser für das Tier", kommandiert er einen Kollegen herum.

Die Zwillinge trauen ihren Ohren nicht. Der Grenzbeamte lächelt, er brüllt sie nicht an, dass sie sofort aussteigen sollen?

Schon kommt der Mann mit dem Wasser zurück. Gierig schlabbert Freches Wollknäuel die Schale leer.

„So und nun fahrt endlich los", sagt der Grenzer zum Busfahrer. Er streichelt Freches Wollknäuel zum Abschied, dann steigt er aus, tippt mit den Fingern an seine Mütze und zieht die Schranke hoch. Die Kinder und alle im Bus atmen auf.

Indien ist erreicht!

Erleichtert fasst Tenzin in die Tasche, um über das Foto des Dalai-Lama zu streichen.

„Tashi, Tashi, es ist weg!"

„Was? Was ist weg?"

Tenzin beugt sich zu ihr und flüstert: „Das Foto vom Dalai-Lama ist weg."

„Oh, schade", erwidert Tashi nur. Ihr ist das Foto nicht so wichtig wie ihrem Bruder. Für Tenzin dagegen ist das Foto sein wertvollster Schatz.

„Wie kannst du nur so gleichgültig sein?", faucht Tenzin seine Schwester an.

„Es ist doch nur ein Foto", meint Tashi. „In ein paar Tagen sehen wir den echten Dalai-Lama. Das ist doch viel wichtiger."

„Wenn wir ihn sehen", murmelt Tenzin. „Das Foto ist doch unser Glücksbringer. Alles hat gut geklappt, solange wir das Foto hatten. Jetzt ist es weg – und schon gibt's Schwierigkeiten an der Grenze."

„Sag mal, was redest du?" Tashi schaut ihren Bruder missbilligend an. „Du tust ja gerade so, als ob wir bisher nur einen netten Spaziergang gemacht hätten. Mensch, wir haben viele Gefahren überstanden. Hast du das vergessen?"

„Natürlich nicht, aber das Bild hat uns beschützt", meint Tenzin trotzig.

„Vielleicht", lenkt Tashi ein. „Aber gerade hat es auch ohne das Foto ganz gut geklappt, die letzten paar Kilometer schaffen wir auch noch."

Für Tenzin ist das fehlende Foto eine Katastrophe. Traurig sitzt er da und starrt vor sich hin.

„Na, na, Junge, es gibt Schlimmeres", redet jetzt der

Mann neben ihnen auf Tenzin ein. Er hat dem Gespräch der Geschwister zugehört. Tenzin tut ihm leid. „Vielleicht ist das ein Zeichen, dass ihr fast am Ziel seid. Ihr braucht den Glücksbringer nicht mehr. Wer demnächst den Dalai-Lama persönlich trifft, dem widerfährt das größte Glück."

Tenzin schluckt. Möglich, dass der Mann Recht hat, aber ihm fehlt das Foto schrecklich. Er hat sich so daran gewöhnt, mehrmals am Tag darüber zu streichen. Das Lächeln des Dalai-Lama hat ihm sehr geholfen, wenn er vor lauter Heimweh niedergeschlagen war. Tenzin kann nicht verstehen, dass die anderen nicht kapieren, wie wichtig das Foto für ihn ist.

„Ihr habt viel durchgemacht. Wie wir alle", fährt der Mann fort. „Jetzt sind wir fast am Ziel. Wir sollten uns freuen, dass wir den beschwerlichen Weg nach Indien geschafft haben."

Tenzin nickt kaum merklich. Mag ja alles stimmen, denkt er sich. Aber ich möchte das Foto wiederhaben.

Nach über zwanzig Stunden Fahrt kommt der Bus in Neu-Delhi, der Hauptstadt Indiens, an. Es ist schwül. In Indien wird es anscheinend wirklich nicht kalt in der Nacht. Alle sind schweißverklebt und müde. Die Kinder sind durstig. Hier ist die Luft noch schlechter als in Kathmandu. Und die Stadt scheint noch viel größer zu sein, auch wenn sie sich nie vorstellen konnten, dass es noch eine größere Stadt als Kathmandu geben könnte. Endlich fährt der Bus in einen riesigen Busbahnhof ein und kommt zum Stehen.

„In einer Stunde geht es weiter. Da drüben startet der Nachtbus nach Dharamsala", ruft der Fahrer in den Bus hinein. Die Flüchtlinge nicken, packen ihre Sachen und steigen aus. Alle recken und strecken sich. Eine Wohltat nach so vielen Stunden, in denen sie im Bus eingequetscht waren. Freches Wollknäuel springt ausgelassen kläffend von einem zum anderen.

Sobald der Nachtbus kommt, klettern alle Fahrgäste hinein. Dreizehn lange Stunden Fahrt liegen noch vor ihnen. Obwohl alle im Bus aufgeregt sind und obwohl die Straße voller Schlaglöcher ist und der Bus ständig durchgerüttelt wird, schlafen sie ein.

Nach einigen Stunden wacht Tashi auf. Sie fröstelt. Es ist schon komisch: Die ganze Zeit war sie schweißgebadet und nun ist ihr kalt.

„Wir fahren in die Berge", erklärt ihr Nachbar, der das Mädchen beobachtet.

„Liegt Dharamsala in den Bergen?", fragt Tashi.

Der Mann nickt. „Es liegt nicht so hoch wie unsere tibetischen Dörfer, aber hoch genug, um dieser Schwüle zu entfliehen."

„Eine gute Nachricht", freut sich Tashi, denn in der feuchten Hitze wird jede Bewegung zur Qual.

Am Nachmittag müht sich der alte Bus einen Pass hoch. Der Himmel ist strahlend blau, die Luft wird mit jedem Meter frischer und angenehmer. Da, Häuser! Das ist Dharamsala. Tashi und Tenzin drücken sich die Nasen platt.

„Hier ist ziemlich viel los", meint Tashi. Sie hat ein bisschen Angst. Denn obwohl Dharamsala nicht besonders groß ist, ist es für die Kinder aus dem kleinen Dorf Dubehi immer noch riesig. Und auf den Straßen ist zwar kein Verkehrschaos wie in Kathmandu, aber es sind viele Leute unterwegs. Zufrieden stellen sie fest, dass hier anscheinend fast alle Leute auf der Straße Tibeter sind. Wenigstens werden sie hier keine Sprachprobleme haben. Dharamsala soll schließlich ihr neues Zuhause werden. Endlich stoppt der Bus vor einem großen Haus aus Beton: Es ist das Aufnahmelager von Dharamsala.

„Wir sind da!", sagt der Mann neben ihnen.

Endlich am Ziel

Die Zwillinge nicken. Sie wissen nicht, was sie sagen sollen. So viele Wochen waren sie unterwegs und nun sind sie da. Tenzin greift in seine Jackentasche, weil er das Foto des Dalai-Lama berühren will, doch die Tasche ist leer.

Tashi, die seine Gedanken erraten hat, lächelt ihm aufmunternd zu.

„Komm", sagt sie nur und schultert ein letztes Mal ihren Rucksack.

Die Zwillinge steigen als Letzte aus dem Bus. Freches Wollknäuel hat sich als Erster durch die Tür gedrängt. Suchend schauen sich die Kinder nach ihrem Hund um.

„Das fängt ja gut an", meint Tashi. „Wo steckt denn unser Wollknäuel?"

Kaum hat sie ausgeredet, tippt ihr jemand auf die Schulter. Tashi wirbelt herum und juchzt.

„Hallo, du bist hier? Klasse! Freches Wollknäuel hat dich sofort entdeckt. Tenzin, schau doch mal."

Vor ihnen steht Lobsang, der alte Freund aus Kathmandu.

„Wir haben uns doch hier verabredet. Toll, dass ihr endlich hier seid", meint Lobsang grinsend, während er den kleinen Hund auf den Arm nimmt. „Hallo, Tenzin, na, was macht der Fuß?"

Tenzin hat in den letzten Stunden nicht an seinen Fuß gedacht. Mit Lobsang an ihrer Seite fühlen sich die Zwillinge in der fremden Stadt nicht allein und hilflos.

„Ihr müsst erst mal schauen, dass ihr im Lager einen Schlafplatz bekommt. Kann ein bisschen eng werden. Zurzeit sind viele Flüchtlinge hier."

Die Kinder nicken und gehen hinter Lobsang her. Vor dem Aufnahmelager steht bereits eine Schlange mit Neuankömmlingen. Geduldig reihen sie sich am Ende ein und erzählen gegenseitig, wie es ihnen in der Zwischenzeit ergangen ist.

Freches Wollknäuel schnüffelt lieber in allen Ecken und markiert sein neues Revier. Dann kläfft er wütend ein paar Straßenköter an, die erschreckt wegrennen. Die Leute in der Schlange lachen, sie sind froh über ein bisschen Unterhaltung.

Endlich sind die Zwillinge an der Reihe. Sie zeigen ihre Papiere, die sie in Kathmandu bekommen haben. Die Frau wirft einen kurzen Blick darauf und meint dann: „Ihr werdet schon erwartet. Yangdol Rintschen wohnt nur zwei Straßen weiter. Sie wollte euch eigentlich abholen, ihr ist aber noch was dazwischengekommen. Vielleicht solltet ihr als Erstes zu ihr gehen."

„Ihr habt mir nicht gesagt, dass ihr hier jemanden kennt", meint Lobsang ein wenig beleidigt.

„Ich kenne keine Yangdol", erwidert Tashi genauso überrascht wie Lobsang.

Yangdol … Yangdol? Tenzin überlegt. „Ja klar, Yangdol." Natürlich, die Schwester von Doktor Pema. Hat er

Tashi wirklich nichts von ihr erzählt? Er muss es in der ganzen Aufregung um seinen Zeh vergessen haben. Tashi schaut ihn kopfschüttelnd an und zu der Frau hinter dem Schreibtisch sagt sie: „Wir brauchen einen Schlafplatz für heute Nacht."

„Brauchen wir nicht", sagt Tenzin und zieht seine Schwester sanft mit sich.

Keine zehn Minuten später stehen sie vor der genannten Adresse. Tenzin klopft an die Tür.

„Hallo, ihr müsst Tashi und Tenzin sein. Schön, dass ihr hergefunden habt." Eine junge Frau mit einem sympathischen Lächeln steht an der Tür. „Kommt doch rein. Ich bin Yangdol. Mein Bruder hat mir gesagt, dass ihr kommt. Er hat mich gebeten, ein bisschen nach euch zu schauen. Vor allem auf deinen Fuß", sagt die junge Frau ohne Umschweife. Dann reicht sie erst mal jedem eine Schale Tee und Wollknäuel bekommt Wasser. Der hüpft begeistert auf Yangdols Schoß.

„Entschuldigung, aber ich verstehe gerade überhaupt nicht, woher ihr euch kennt", sagt Tashi verwirrt zu ihrem Bruder.

„Darf ich vorstellen, das ist Yangdol, die Schwester von Pema", sagt Tenzin lächelnd.

„Genau. Er hat mir erzählt, was ihr alles durchgemacht habt. Er hat mir auch von deinen erfrorenen Zehen berichtet. Und er hat mir eingeschärft, dass ich dafür sorgen soll, dass du den Verband regelmäßig wechselst. Und dass du nicht sofort mit dem Fußballspielen anfängst. Im Aufnahmelager ist es im Moment sehr eng, wenn ihr wollt, könnt ihr hier übernachten."

„Ihr habt ein Glück", platzt Lobsang heraus. „Wenn ich nicht in ein paar Tagen ins Kinderdorf kommen würde, wäre ich ganz schön neidisch."

„Was für ein Kinderdorf?", fragt Tashi neugierig.

„Da kommen die Flüchtlingskinder hin, die ohne Eltern hier sind. Davon gibt's ziemlich viele. Sie leben mit anderen Kindern und mit Erwachsenen wie eine Familie zusammen in einem Haus. Die Kinder gehen dort auch zur Schule."

Das hört sich gut an, überlegt Tashi. Doch erst einmal hat sie andere Probleme. Ihr Magen knurrt! Seit sie in Kathmandu in den Bus gestiegen sind, haben die Kinder kaum etwas gegessen.

„Ich habe Momos gemacht. Wollt ihr welche?"

Eine überflüssige Frage. Alle drei Kinder essen mit riesigem Appetit.

„Siehst du, es klappt auch ohne Foto", raunt Tashi ihrem Bruder beim dritten Nachschlag zu.

„Wir sehen uns morgen, dann zeige ich euch Dharamsala", ruft Lobsang zum Abschied.

„Gefällt es dir hier?", fragt Tenzin seine Schwester. Am Abend liegen beide erschöpft auf der Matratze.

„Weiß noch nicht. Alles ist so neu, so groß. Ich bin froh, dass wir bei Yangdol sind. Sie ist wirklich nett."

„Stimmt. Aber sie ist nicht wie Mutter, auch nicht wie Kelsangs Mutter ..."

„Yangdol ist Yangdol. Sie kann auch nicht unsere Mutter sein. Nie. Mutter ist Mutter, auch wenn sie weit weg ist."

„Sie fehlt mir", flüstert Tenzin in die Dunkelheit.

„Mir auch", murmelt Tashi vor sich hin.

Als die Kinder am nächsten Morgen beim Frühstück sitzen, stattet Lobsang ihnen einen Besuch ab.

„Habt ihr die Neuigkeit schon gehört? Morgen können alle Neuankömmlinge Seine Heiligkeit, den Dalai-Lama, treffen."

„Was? Wir dürfen den Dalai-Lama sehen?", ruft Tenzin aufgeregt.

„Ja, alle Tibeter, die hierher kommen, werden von ihm eingeladen", erklärt Yangdol. „Ich werde die Begegnung mit ihm nie vergessen. Erst als ich ihn gesehen hatte, wusste ich, dass ich in der neuen Heimat angekommen bin. Wo der Dalai-Lama ist, ist Tibet."

„Und jetzt fühlst du dich hier zu Hause?", fragt Tashi.

Yangdol nickt ernst. „Ja. Ich habe hier die Freiheit kennen gelernt. Ich habe einen Beruf. Ich kann machen, was ich will. Ich kann beten, ohne Angst zu haben, dass ich entdeckt werde. Ich kann mich mit meinen Freunden treffen, wir können lachen, Witze machen, keiner bespitzelt uns. Ich lebe in der Nähe Seiner Heiligkeit. Ich bin frei!"

„Hast du kein Heimweh?", bohrt Tashi weiter.

„Tibet fehlt mir sehr. Das Land, die Berge, die Menschen, viele meiner Verwandten sind dort, Freunde aus meiner Kindheit. Wenn Tibet ein freies Land wäre, würde ich sofort wieder dorthin zurückkehren. Aber es ist nicht frei. Solange bringen mich keine zehn Pferde zurück."

Beim Dalai-Lama

Am nächsten Tag sitzt er leibhaftig vor ihnen: Seine Heiligkeit, der Dalai-Lama. Mit Lobsang und den Zwillingen sitzen noch fünfzig andere Neuankömmlinge auf dem Boden. Die meisten Flüchtlinge wagen nicht, den Blick zu heben. Sie sind überwältigt, endlich am Ziel ihrer langen, qualvollen Reise zu sein. Tränen rollen über die rauen Gesichter. Die Kinder sind nicht so schüchtern. Sie starren das Oberhaupt ihrer Religion mit halb offenem Mund an.

Tenzin ist wahnsinnig aufgeregt. Doch vor ihnen sitzt kein abgehobener Halbgott, sondern ein älterer

Mann mit kurz geschorenen Haaren, einer eckigen schwarzen Brille und einem gütigen Lächeln. Er trägt eine rote Kutte ohne Ärmel. Tenzin schaut den Mann unentwegt an. Er sieht wirklich aus wie auf seinem Foto.

Auch Tashi ist überwältigt. Jetzt sind sie angekommen. Sie lächelt den Dalai-Lama schüchtern an. Tränen glitzern in ihren Augen. Sie denkt an ihre Familie, an die Freunde, an alle, die an sie geglaubt haben.

„Kommt zu mir", sagt der Dalai-Lama und streckt die Arme aus.

Den Kindern wird heiß und kalt. Meint er uns? Seine Heiligkeit will, dass wir zu ihm kommen? Sie schauen sich unsicher an.

„Na, kommt schon", meint er mit seinem gütigen Lächeln. Der Dalai-Lama drückt sie leicht an sich.

Tenzin spürt, dass eine unglaubliche Kraft von diesem Mann ausgeht. Dann streichelt der Dalai-Lama allen dreien zärtlich übers Gesicht.

„Hier, das ist für euch", sagt er leise und legt jedem einen weißen Baumwollschal über die Schulter. Ein Talisman, der Glück bescheren soll.

„Was willst du in Dharamsala machen?", will der Dalai-Lama von Tashi wissen.

„Ich möchte lernen, vor allem Englisch. Damit ich der Welt später erzählen kann, was in Tibet geschieht. Das hat sich auch unser Großvater gewünscht."

„Euer Großvater ist ein kluger Mann", sagt der Dalai-Lama.

Dieses Lob freut die Zwillinge sehr. Wenn das der Großvater wüsste. Das werden sie ihm auf jeden Fall schreiben.

Tashi fährt fort. „Und ich würde gerne ins Kinderdorf gehen, aber …"

„Aber, was?" Seine Heiligkeit schmunzelt.

„Aber ich weiß nicht, ob wir Freches Wollknäuel mitnehmen dürfen. Das ist unser Hündchen. Ohne den will ich da nicht hin."

„Ich glaube, das mit Freches Wollknäuel dürfte kein großes Problem sein. Es ist eine hervorragende Idee, dass du Englisch lernen möchtest und der Welt über uns berichten", meint der Dalai-Lama immer noch schmunzelnd. Dann beugt er sich zu Lobsang. „Was sind deine Pläne?"

„Ich möchte auch ins Kinderdorf und viel lernen. Endlich lernen, denn in Tibet durfte ich nicht lange zur Schule. Die Chinesen sagten, ich wäre zu dumm. Aber ich bin nicht dumm, ich kann nur schlecht Chinesisch sprechen. Später will ich mal Lehrer werden, dann unterrichte ich die Kinder, die hierher kommen", erzählt Lobsang und starrt den heiligen Mann fasziniert an.

„Da hast du dir was Gutes ausgesucht", meint der Dalai-Lama und streicht Lobsang über den Kopf.

„Und du? Was wird aus dir werden?", fragt er schließlich Tenzin.

„Am liebsten möchte ich Mönch werden. Hier, im Kloster", sagt Tenzin spontan. Die Worte sprudeln einfach aus seinem Mund. Ja, er möchte Mönch werden, die alten Schriften und Traditionen studieren und im Glauben leben genau wie sein Freund Kelsang.

„Das freut mich sehr", sagt der Dalai-Lama und lächelt sein gütiges Lächeln. „Ihr habt einen langen Weg hinter euch gebracht", fährt er an alle gewandt fort, „und ihr habt es hierher geschafft. Manche von euch glauben vielleicht, dass sie jetzt am Ziel sind. Aber das müsst ihr euch merken: Euer Weg geht weiter. Ihr braucht neue Ziele, so wie meine jungen Freunde hier. Seid willkommen in der Freiheit."

Lies mich ...

Leseprobe aus dem Ravensburger Titel 34720
„Wolkenauge"
von Ricardo Gómez

Als die Wehen einsetzten, legte Blühende Tanne den Beutel mit den wilden Brombeeren, die sie gesammelt hatte, ab und sagte zu ihrer Mutter: „Es geht los …"

Goldenes Licht legte den Arm um sie und ging mit ihr bis zu einer Lichtung. Zwei andere Frauen, die ebenfalls beim Beerenpflücken waren, begleiteten sie, während eine dritte zum Dorf zurücklief, um alles Nötige für die Mutter und das Neugeborene zu holen.

In der Hocke, die Arme auf die Schultern der zwei Frauen gestützt, brachte Blühende Tanne einen Sohn zur Welt. Wie es Brauch war, half die Großmutter bei der Geburt. Sie biss die Nabelschnur durch und verknotete sie dicht am Bauch des Säuglings. Dann steckte sie ihm einen Finger in den Mund, um ihm den Rachen zu reinigen. Der Junge hustete und seine kleine Brust begann sich rhythmisch auf- und abzubewegen. Die Frauen warteten auf den üblichen Schrei, aber der Säugling weinte nicht.

Er weinte auch nicht, als die Großmutter ihn wenig später zum Flussufer trug und ihn in das eiskalte Wasser tauchte. Während sie ihn wusch, zählte Goldenes Licht die Finger seiner zu Fäusten geballten Hände und die Zehen seiner winzigen Füße. Sie untersuchte seinen Körper genau, stellte fest, dass alles vollständig und gut geraten war und dankte dem Großen Geist, dass er ihrer Familie ein gesundes und kräftiges Kind geschenkt hatte. Die Frauen hatten Blühende Tanne inzwischen auf eine Matte gebettet, damit sie sich ausruhen konnte, und ihr eine Schale Wurzelsud zu trinken gegeben. Kurz darauf kam die Großmutter zu ihrer Tochter und reichte ihr das Kind, das in eine Decke gewickelt war.

„Es ist ein wunderschöner Junge. Er hat nicht geweint, als ich ihn ins Wasser getaucht habe, er wird ein mutiger Jäger werden. Wir nennen ihn Schweigsamer Jäger." Kurz nachdem die Sonne hinter den Bergen verschwunden war, machten sich die fünf Frauen auf den Rückweg ins Dorf. Goldenes Licht trug ihren Enkel auf dem Arm und schon jetzt hatte sie das Gefühl, dass das ausbleibende Weinen kein gutes Vorzeichen war.

Schneller Pfeil kehrte von der Jagd zurück, als bereits die ersten Sterne am Himmel standen. Schnell erreichte ihn die Nachricht, dass er zum dritten Mal Vater geworden war, und alle gratulierten ihm, weil das Neugeborene ein Junge war. Er betrat sein Tipi, strich seiner Frau mit der Hand über die verschwitzte Stirn und deckte den Jungen auf, um zu sehen, ob er gesund und stark war.

Blühende Tanne sagte: „Er soll Schweigsamer Jäger heißen. Er hat nicht geweint, als ihm Goldenes Licht einen Finger in den Mund gesteckt hat, und auch nicht, als er im Fluss gewaschen wurde."

Schneller Pfeil lächelte. Er fand, dass Schweigsamer Jäger ein guter Name war. Er stellte sich vor, wie dieses

Baby in einigen Jahren zu einem Kind und später zu einem Mann heranwachsen und ihn und die anderen Männer auf die Jagd begleiten würde.

Schneller Pfeil betrachtete die Fäuste und die geschlossenen Augen des Jungen und sah in ihnen ein Zeichen von Beharrlichkeit. Der Gedanke, dass sein Sohn mutig und kräftig und der Stolz der Familie werden würde, gefiel ihm.

Großmutter Goldenes Licht jedoch wurde mit jeder Stunde unruhiger, weil ihr Enkel so schweigsam war. Sie wachte die ganze erste Nacht lang, aber der Säugling gab nicht das leiseste Wimmern von sich. Genauso wenig wie am nächsten Tag oder in der zweiten Nacht seines Lebens.

Daher ging sie am Morgen des dritten Tages zum Tipi ihrer Tochter und sagte: „Dein Haus ist sehr still."

„Mach dir keine Sorgen, Mutter. Der Junge ist gesund. Er saugt kräftig und seine Verdauung funktioniert gut, wie du siehst."

Goldenes Licht beobachtete, wie das Kind mit fest geballten Fäusten an der Brust seiner Mutter trank. Es stimmte, der Junge wirkte sehr robust. Aber das beruhigte sie nicht.

Bei den Crow war es schlecht angesehen, Fragen zu stellen. Es galt als unhöflich, sich direkt an jemanden zu richten und ihn zum Beispiel zu fragen: „Wie geht es deinem Bruder?" Eine direkte Frage verpflichtete den anderen zu einer Antwort. Und die Crow mochten keine Verpflichtungen. Sie fühlten sich gerne frei wie die Wolken am Himmel.

Daher verstrichen die Tage, ohne dass Großmutter Goldenes Licht ihre Tochter etwas fragte, obwohl sie sich Sorgen machte. Stattdessen sagte sie zum Beispiel morgens: „Heute Nacht habe ich deinen Sohn wieder nicht weinen hören."

Blühende Tanne versuchte ihre Mutter zu beruhigen. „Das ist das Alter, Mutter. Ihr Alten schlaft sehr fest. Weißt du noch, als sich in der Prärie nachts die Kojoten dem Lager genähert haben? Damals hast du ihr Geheul auch nicht gehört."

Aber Blühende Tanne machte sich ebenfalls Sorgen. Seit sechs Tagen hatte ihr Sohn nicht ein einziges Mal geweint, hielt die Fäuste ständig fest geballt … und außerdem hatte er immer noch nicht die Augen geöffnet.

Sie behielt all das jedoch für sich, um Schnellen Pfeil nicht zu enttäuschen. Blühende Tanne wusste, dass ihr Mann sich einen Sohn gewünscht hatte und glücklich war, Schweigsamen Jäger zu haben.

Wenn sie allein mit dem Jungen war, ihn stillte oder wickelte, sagte sie zu ihm: „Weine, mein Kind, weine. Wenn du jetzt als Kind nicht weinst, müssen wir alle weinen, wenn du größer bist."

In der Nacht des siebten Tages konnte Blühende Tanne nicht schlafen. Sie fürchtete, dass ihr Sohn keine Stimme hatte. Die Stimme war sehr wichtig für die Crow. Sie unterschied sie von den übrigen Lebewesen des Himmels, der Erde und des Wassers.

Um Mitternacht beschloss sie daher, ihm nichts zu trinken zu geben. Die folgenden Stunden bis zum Morgengrauen wartete sie, ob der Säugling weinen und nach der Brust verlangen würde.

Während dieser Zeit klemmte Blühende Tanne den Kleinen unter den Arm und sagte immer wieder: „Weine, mein Kind, weine. Besser du weinst jetzt als später, wenn du erwachsen bist."

Als die Sonne am achten Tag seines Lebens aufging, stieß Schweigsamer Jäger einen lauten Schrei aus. Ein durchdringendes Brüllen, das seinen Vater Schneller Pfeil und seine beiden Schwestern Weißes Reh und Silberner Berg weckte.

Auch andere Bewohner des Dorfes wurden aus dem Schlaf gerissen, darunter Großmutter Goldenes Licht, die zufrieden am Eingang des Tipis auftauchte. Zu ihrer Tochter, die stolz ihr Kind stillte, sagte sie: „Heute Morgen ist die Sonne voller Kraft aufgegangen. Das wird ein guter Tag."

„Ja, Mutter. Das wird ein guter Tag für alle."

Blühende Tanne war glücklich. Ihr Sohn hatte nicht nur energisch seine Stimme benutzt, sondern auch seine Fäuste geöffnet. Während er kräftig an ihrer Brust saugte, umklammerte der Junge jetzt fest einen ihrer Finger und drückte ihn im Rhythmus seines Herzschlags.

Als sie das sah, war die Großmutter überzeugt, dass Schweigsamer Jäger zu einem gesunden Jungen heranwachsen und ein starker Mann werden würde. Und ein erfolgreicher Jäger. Sie bereute es nicht mehr, ihm diesen Namen gegeben zu haben, als sie ihn am Flussufer gewaschen hatte.

Aber die Tage vergingen und der Junge öffnete noch immer nicht die Augen. Wie so vieles, war auch das Goldenes Licht nicht entgangen. Nach dem zehnten Tag sagte sie zu ihrer Tochter: „Ich glaube, mein Enkel weiß noch nicht, wie dein Gesicht aussieht."

Blühende Tanne versuchte die Sorgen der Großmutter zu zerstreuen und sagte, während sie dem Kleinen beim Schlafen zusah: „Mein Sohn erkennt meine Stimme, umfasst meine Finger und trinkt gierig die Milch aus meiner Brust, Mutter. Er hat noch genug Zeit, mein Gesicht und deins kennenzulernen. Sie ihn dir an und hör ihm zu … er ist ein gesunder und kräftiger Junge."

Schweigsamer Jäger weinte nur im Notfall, wenn er Hunger hatte oder sein kleiner Bauch von Blähungen geplagt wurde. Aber wenn er wach war, schnurrte er, als wollte er gleich anfangen zu sprechen. Er gab ein andauerndes, melodisches Maumau von sich, fast wie ein Lied. Doch seine Augen hielt er weiterhin geschlossen.

Blühende Tanne war beunruhigt, auch wenn sie es sich nicht eingestehen wollte. Die ersten zwei Wochen verstrichen, in denen nach der Tradition der Crow weder die Mutter noch der Säugling das Tipi verlassen durften. So lange dauerte es, bis sich die Seele im Körper eines Neugeborenen niedergelassen hatte, und es durfte nicht vorher nach draußen, damit die Seele nicht von einem bösen Wind davongetragen wurde.

So lange dauerte es nach indianischem Brauch auch, bis die Mütter wussten, ob ein Kind im Stamm leben sollte oder nicht. Wenn der Große Geist aus irgendeinem Grund beschlossen hatte, es während dieser Zeit zu sich zu nehmen, sollten die Eltern nicht traurig sein, denn die Seele des Neugeborenen war noch nicht in der Gemeinschaft angekommen.

Am fünfzehnten Tag verließ Schweigsamer Jäger mit seiner neuen Kinderseele das Tipi auf dem Arm seiner Mutter. Die anderen Frauen kamen herbei, um ihn sich anzusehen, und rühmten Schnellen Pfeil, weil er einen Sohn gezeugt hatte. Sie lobten auch Blühende Tanne, weil er so gut geraten war.

Goldenes Licht war stolz, dass die Nachbarinnen ihren ersten männlichen Enkel priesen, und sie lächelte zufrieden, während sie Arm in Arm mit ihrer Tochter umherspazierte.

Aber plötzlich öffnete Schweigsamer Jäger die Augen.

Ein Aufschrei des Entsetzens und der Enttäuschung entfuhr den Frauen, die ihn anstarrten. Auch Blühende Tanne erschrak.

Die Augen, die Schweigsamer Jäger geöffnet hatte, waren vollkommen weiß. So weiß, als hätten sich der Schnee oder die Wolken hinter seinen Lidern verfangen.

Ein blinder Crow war eine Last für den Stamm auf dem Weg vom Gebirge in die Prärie oder zurück. Ein Blinder konnte der Gemeinschaft, deren tägliches Überleben von der Jagd, dem Fischen und dem Sammeln von

Wurzeln und Früchten abhing, nicht nützen. Er behinderte die anderen, wenn sie vor gefährlichen Tieren fliehen mussten. Oder wenn sie sich gegen die Angriffe anderer Stämme verteidigten … Deshalb verurteilte unter den Crow auch niemand den Vater, der ein blindes Kind aussetzte, weil dieses eine Belastung für die Gemeinschaft war. Und wurde ein alter Mensch blind, fügte er sich in sein Schicksal, zum Großen Geist zurückzukehren, denn er wusste, dass er den anderen das Leben schwer machte.

Aber Blühende Tanne, die während dieser zwei Wochen mit ihrem Sohn zusammengelebt hatte und gespürt hatte, wie seine Seele in den kleinen Körper einzog, wollte Schweigsamen Jäger nicht aussetzen – trotz der Ermahnungen ihrer Mutter. Als diese ihr zum wiederholten Male vorhielt, dass das Kind ein Problem für die Familie und den Rest des Stammes sein würde, erwiderte Blühende Tanne energisch: „Mutter, bedränge mich nicht weiter. Ich werde seine Augen sein!"

Als Schneller Pfeil in der nächsten Nacht zurückkehrte und erfuhr, dass sein Sohn blind war und dass er niemals in der Prärie oder im Gebirge mit ihm würde jagen können, verspürte er eine große Traurigkeit. Er sagte kein einziges Wort und zog sich in sein Tipi zurück. Aber seine Frau schickte ihre Töchter und ihren Sohn zur Großmutter und verbrachte die Nacht mit ihrem Mann. Sie tröstete ihn und während sie ihn streichelte, flüsterte sie ihm ins Ohr: „Mach dir keine Sorgen, Liebster, denn ich werde seine Augen sein."

Am nächsten Morgen teilte Blühende Tanne ihrer Mutter, ihren Töchtern und allen anderen Frauen des Stammes mit, dass ihr Sohn bei ihr bleiben würde und ab sofort Wolkenauge heißen sollte.

Die Wochen verstrichen und abgesehen von seiner Blindheit wuchs Wolkenauge zu einem gesunden Jungen heran. Wenn er weinte, weinte er kraftvoll. Wenn er schlief, schlief er friedlich. Und in den Stunden, in denen er wach war, gab er ein Schnurren von sich, das einem Lied ähnelte: Mau-maumau-mau …

Während Blühende Tanne mit den anderen Frauen im Wald Früchte sammelte, sprach sie mit ihrem Sohn und erzählte ihm, wie die Welt aussah, die seine Augen niemals sehen würden.

„Wir suchen hier nach reifen Zapfen, die vom Baum fallen, bevor die neuen sprießen. Es ist wichtig, dass wir sie vor den Eichhörnchen finden. Die besten sind die Zapfen, die sich gerade öffnen, aber noch vom Harz verklebt sind. Sie werden in den nächsten Tagen neben unseren Lagerfeuern ganz aufgehen und dann können wir die Schale aufbrechen und die Samen einsammeln."

Nachts, wenn ihr Mann und ihre Töchter schliefen, schmiegte sich die Mutter an den Kleinen und flüsterte ihm ins Ohr: „Bei Anbruch des nächsten Mondes müssen wir das Gebirge verlassen und in die Prärie ziehen, weil der Winter beginnt, der Schnee alles bedeckt und die großen Tiere aus dem Wald zum Bach herunterkommen, um die Nahrung zu suchen, die ihnen zusteht."

Oder sie erzählte ihm eine der alten Legenden. „Das, was du da hörst, ist der Nordwind, der bald stärker und stärker wehen und mit Säcken voll Schnee beladen hier ankommen wird. Vor vielen, vielen Jahren trug der Nordwind den Schnee nur von einem Berggipfel zum nächsten und fuhr mit seinem vollen Sack über Schluchten und Flüsse hinweg, ohne eine einzige Flocke fallen zu lassen. Eines Tages aber begegnete er dem Großen Geist, der ihn fragte, ob er ihm ein bisschen von diesem Schnee abgeben könnte …"

Blühende Tanne trennte sich niemals von ihrem Sohn. Sie trug ihn vor der Brust oder auf dem Rücken, sie schmiegte sich nachts an ihn, um ihm von den Ereignissen des Tages zu erzählen, oder hielt ihn auf dem Schoß, während sie das Feuer bewachte. Weißes Reh und Silberner Berg verstanden das, denn ihre Mutter musste dem kleinen Bruder die Augen ersetzen.

Wenn Schneller Pfeil allein war, schüttelte er traurig den Kopf, denn sein Sohn würde sehr unglücklich werden. Und sein Herz wurde schwer, wenn er daran dachte, dass er nie mit ihm auf die Jagd gehen würde.

Wolkenauge lauschte seiner Mutter meistens schweigend. Ebenso schweigend ließ er zu, dass sie ein Eibenblatt, ein Lederband oder eine Vogelfeder auf seine kleine Brust legte, damit er durch die Berührung mit seiner Haut kennenlernte, was seine Augen nicht sehen konnten. Aber manchmal schien er auch mit einem Schnurren zu antworten, das einem Lied glich: Maumau-maumau-maumau …

Der fünfte Mond kam und mit ihm die ersten kalten Winde. Die Säcke mit Waldfrüchten und Samen waren voll, das Fleisch der erlegten Tiere getrocknet, und so packten die Crow ihre Häute, ihre Tipis und die Zeltstangen ein und bereiteten sich auf die Reise vor.

Bevor sie loszogen, hinterließ jede Familie in der Mitte des Platzes, auf dem ihr Tipi gestanden hatte, eine Handvoll Früchte und Samen und eine Opfergabe aus Fleisch und Fisch für Mutter Erde als Dank dafür, dass sie ihren Boden nutzen und ihr Wasser trinken durften. Sie dankten auch dem Geist des Waldes, der ihnen erlaubt hatte, Früchte zu sammeln, Harz zu gewinnen und Holz zu verbrennen. Und sie dankten dem Großen Geist dafür, dass sich die Fische hatten fangen und die Hirsche hatten jagen lassen.

Zuletzt fand ein Tanz statt, bei dem von den Alten bis zu den Kindern alle mitmachten. Damit drückten sie ihre Freude darüber aus, dass sie erneut fünf Monde im Gebirge verbracht hatten, und ihre Hoffnung, hierher zurückzukehren, sobald sich der Schnee zurückgezogen hatte und die großen Tiere des Waldes genug von der Nahrung, die ihnen zustand, gefressen hatten.

Dann brach die kleine Gruppe der Crow schließlich auf zu ihrer jährlichen Reise in die weite Prärie.

Die Crow freuten sich, dass sie jetzt wieder vom Gebirge in die Prärie zogen. Dort fiel kein Schnee und die Wintersonne wärmte genug, sodass das Leben ruhig und angenehm war.

Mutter Erde war großzügig und bot den Crow ihre Früchte, Wurzeln und Samen dar. Sie erlaubte auch, dass sich einige Tiere jagen ließen. Und immer gab es Bäche, deren klares Wasser den Durst stillte und in denen man gefahrlos baden konnte.

Die Adler und andere Vögel beobachteten die Crow. Von oben sahen sie aus wie eine lange Schnur, die auf den Wegen abgewickelt worden war. Männer und Frauen wechselten sich damit ab, ihre Habseligkeiten auf den Schleppgestellen zu ziehen, die sie aus den Stangen ihrer Tipis gebastelt hatten.

Sie wanderten bei Tag und ruhten sich nachts aus, und sie hielten häufig an, um sich dem Rhythmus der Kinder anzupassen. Manchmal schliefen sie unter freiem Himmel, manchmal in natürlichen Unterständen, die schon ihre Eltern genutzt hatten und die Großeltern ihrer Eltern.

Blühende Tanne trug Wolkenauge in einem Tuch vor die Brust gebunden und nicht auf dem Rücken wie die anderen Mütter. Auf der Reise war sie weiterhin seine Augen und erzählte ihm, während sie ihm über die Stirn strich: „Heute übernachten wir in der Hirschschlucht, auf halbem Weg zum Gipfel des Kahlen Berges. Dort sind wir sicher vor den Angriffen der Raubtiere und wir können Feuer machen, denn wir lassen dort jedes Mal Holz liegen, damit es bis zur nächsten Saison trocknet. Wir werden dort zwei Nächte verbringen, weil Schwarze Bärin kurz davor ist, ein Kind zur Welt zu bringen."

Schwarze Bärin bekam ein Mädchen, das sie Schneebedeckter Gipfel nannten. Denn in der Ferne sahen sie, dass es in den Bergen, wo sie herkamen, bereits geschneit hatte.

Gelegentlich trug Goldenes Licht das Tuch mit ihrem Enkel. Oft fragte sie sich, was aus ihm werden würde, wenn er groß war und sich den Gefahren stellen musste, die die Crow bedrohten.

Nach fünfzehn Tagen erreichte die Gruppe schließlich den Teil der Prärie, den bereits ihre Großeltern bewohnt hatten. Bevor sie ihre Tipis aufstellten, tanzten sie vor dem Totempfahl, der die Mitte ihres Gebietes markierte. Sie baten Mutter Erde um Erlaubnis, ihr Land in Besitz zu nehmen, ihr Gras zu verwenden, Wurzeln zu sammeln, das Holz zu nutzen und Tiere zu jagen.

Während die Männer damit beschäftigt waren, die Tipis aufzubauen, sammelten die Frauen Holz und Früchte und die Kinder liefen zum Bach, um die Trinkschläuche mit Wasser zu füllen.

Die Mütter der Neugeborenen mussten natürlich nicht mithelfen, also stillten Schwarze Bärin und Blühende Tanne ihre Säuglinge. Schwarze Bärin wunderte sich, dass Blühende Tanne so viel mit Wolkenauge sprach und sagte: „Die Ohren deines Sohnes müssen schon voller Wörter sein."

„Ja, und ich werde sie mit noch mehr Wörtern füllen. Bevor er anfängt zu laufen, soll er die Welt kennen, der er begegnen wird."

Zwei Tage später war das Lager komplett aufgebaut. Nach dem Abendessen versammelten sich die Männer im Heiligen Kreis um das Feuer, um eine Liste aller notwendigen Dinge zusammenzustellen, um die sie den Großen Geist bitten wollten.

Einer nach dem anderen sprach und erbat das, was er für seine Aufgaben benötigte.

„Langes Haar benötigt Kräuter für Medizin, durchsichtige Steine gegen Unheil und Wurzeln gegen Gift."

„Wachsamer Hund benötigt ausreichend Buchsbaumholz zur Herstellung von Bogen, Speerschäften und Tomahawkstielen."

„Gelbe Hand benötigt den Stein-der-nicht-kaputtgeht zur Herstellung von Messer- und Tomahawkklingen und Speerspitzen."

„Schneller Pfeil benötigt Bisons, die sich jagen lassen, damit wir ihr Fleisch, ihr Fett, ihr Fell, ihre Knochen, ihre Hörner, ihre Sehnen und ihre Därme verwenden können."

„Weißer Rabe benötigt Erde und Wasser, damit die Samen sprießen und zu Nahrung für unsere Kinder werden."

Die neunzehn erwachsenen Männer des Stammes fuhren mit ihren Wünschen fort und bezogen auch die ihrer Frauen und Kinder mit ein. Sie baten um Präriegras zum Flechten, Harz, Adlerfedern, Kaninchenfelle, Pigmente zur Farbherstellung, Tabak für ihre Pfeifen, Wolfszähne, Feuerholz …

Als Letzter bat Feuriger Donner, der Häuptling des

Stammes, um Sonne, die sie wärmen, und Regen, der ihre Felder wässern möge, um ruhige Nächte zum Ausruhen und ein Feuer, das nie erlosch. Und er vergaß auch nicht, dass der Große Geist sie vor dem Stich des Skorpions und dem Getrampel der Bisons behüten möge.

Während Männer, Frauen und Kinder um das Feuer tanzten, lauschte Wolkenauge den Worten seiner Mutter.

„Sie müssen neunundzwanzig Mal den Totempfahl umkreisen, so viele Tage vergehen von einem Vollmond zum nächsten. Dann legen sich Männer und Frauen zusammen schlafen, damit die Erde und die Tiere ihre Früchte hervorbringen und das Leben sich erneuern kann. Wenn wir dem Großen Geist unsere Ehre erweisen, wird uns Mutter Erde alles geben, worum wir gebeten haben."

Während Wolkenauge seiner Mutter zuhörte, bedachte er sie mit gurrenden Lauten: Gu-gau-gau-buu-maau …

Auch seine Schwestern redeten mit ihm und passten auf ihn auf, wenn die Mutter nicht da war.

Die ältere, Weißes Reh, die schon fünf Jahre alt war, spielte mit ihm. Sie hatte ihm aus einem kleinen, ausgehöhlten Kürbis, den sie mit Samen gefüllt hatte, eine Rassel gebastelt. Wenn Wolkenauge wach war, steckte er sie in den Mund und schüttelte sie eifrig.

Die jüngere, Silberner Berg, die kaum zwei Jahre alt war, mochte ihren Bruder sehr, da er im Unterschied zu den anderen kleinen Kindern fast nie weinte.

Ravensburger Bücher   Absolut lesenswert!

Der mit den Pferden spricht

Ricardo Gómez

Wolkenauge

Es scheint kein gutes Omen zu sein, als der kleine Crow Wolkenauge zur Welt kommt, denn er ist blind. Das Leben in der Prärie ist hart und ein Blinder eine Last für den Stamm. Doch Wolkenauge zeigt schnell, dass er ganz besondere Gaben hat. Als die Bleichgesichter in das Gebiet der Crow eindringen und Tod und Zerstörung bringen, schlägt Wolkenauges große Stunde.

ISBN 978-3-473-**52386**-3

www.ravensburger.de

Ravensburger Bücher   beschreiben, wie es früher war.

Zwischen Krieg und Wirtschaftswunder

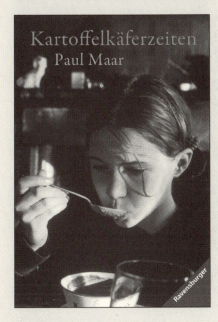

»*Ein neuer Höhepunkt in Maars Gesamtwerk*«

DIE ZEIT

Paul Maar

Kartoffelkäferzeiten

Kohlenknappheit und Kartoffelkäferplagen gehören zum Alltag nach 1945. Aber viel schlimmer findet Johanna den Kleinkrieg ihrer Großmütter. Doch erst als ihr die Freundschaft zu Manni verboten wird, fängt sie an, sich gegen ihre Familie aufzulehnen.

ISBN 978-3-473-**52264**-4

www.ravensburger.de

Ravensburger Bücher   Absolut lesenswert!

Der Klassiker von Pearl S. Buck

Pearl S. Buck
Der Drachenfisch

Eines Tages, als Lan-may ihr Netz aus dem Fluss zieht, ist es furchtbar schwer: Sie hat einen Drachenfisch aus grünem Stein gefunden! Drachenfische sollen Glück bringen, sagt man. Lan-may bringt er eine Freundin: Alice.

ISBN 978-3-473-**52083**-1

www.ravensburger.de